钱穆先生著作系列

政学私言

九州出版社
JIUZHOUPRESS

钱穆先生

440—46

標 朱

文武車門不申

或言湊做起鈍便回把之高揚沒悟去病原專在這上不可不

今學者不曾看文字多是先立了私意自說多張之說與債壁人

（乙）呂氏又曰

（乙）朱子嘗言今日後後有四患具說而譯成朱子與二程解經相

唐儒解經不及後來清儒所未逮。所謂橋要漳州以見其大概。

漢儒傳易本義皆是比其論解經之夫大抵多將要語不僅為譯

（乙）朱子生平著述用力於解經者為多如真論五經注多屬章句

註

朱子論解約上

钱穆先生手稿

新校本说明

　　钱穆先生著作简体新校本，经钱胡美琦女士授权出版，以钱宾四先生全集编辑委员会所编《钱宾四先生全集》繁体版为本，进行重排新校，订正其中体例、格式、标号、文字等方面存在的疏误，内容保持《全集》版本原貌。

　　《政学私言》一九四五年由商务印书馆初版。钱穆先生将刊于《东方杂志》的时政论文七篇拟为上卷，又将其发表于《思想时代》月刊的八篇文章编为下卷，定名"政学私言"。一九六七年，由台湾商务印书馆于台北再版。之后，钱穆先生曾作增修改订。一九九三年整编《全集》时，以钱穆先生修订者为底本，并增收钱穆先生三四十年代所写三篇文章，新添各篇，本书目录中加注"*"。

九州出版社

目录

自序

　　客岁，胃痛时剧，经春历冬，每发愈厉。医嘱入院检验，谢
事静摄。值寇氛嚣张，独山沦陷。后方惶扰，讹言日兴。床褥无
聊，惟对报纸；或有朋徒相访，言思所涉，郁结百端。开岁小
痊，颇能兴起，时尚仅饮汤液，一日七餐，每历两时，即复进
食。一餐之前后，例作小憩。其间偶得数十分钟闲，握笔排闷，
隔越旬日，亦成篇幅。春尽花落，病乃向已。检点成稿，凡获七
章。其所论刊，皆涉时政，此为平生所疏，又不隶党籍，暗於实
事。洛阳少年，见讥绛灌，老不知休，更可惭耻。抑时论所尚，
必有典据，或尊英美，或师马列，蠃赢之祝，惟曰肖我。其有回
就国情，则以党义为限断，区区所论，三俱无当，谥曰"私言"，
亦识其实。风林之下，难觅静枝，急湍所泻，无遇止水，率本所
学，吐其胸臆，邦有君子，当不悯笑。蒙东方杂志社代为刊载，
又承王君云五允作单本印行，用广流传，私衷感激，未可名状。
别有为《思想与时代》撰文数篇，此乃三年前旧作，附诸下卷，
取相证发，要之为一家之私言云尔。

民国三十四年六月钱穆识

上卷

一、中国传统政治与五权宪法

一

作者草为此文，先有一甚深之信念。窃谓政治乃社会人生事业之一支，断不能脱离全部社会人生而孤立，故任何一国之政治，必与其国家自己传统文化民族哲学相诉合，始可达于深根宁极长治久安之境地。

民主政治为今日中国惟一所需，此毋烦论，盖惟有民主政治，既为世界潮流所归趋，抑亦中国传统政治最高理论与终极目标之所依向，故亦惟有民主政治，始可适应现势，符合国情。

然民主政治仅一大题目，而非一死格式。英美同属民主，苏维埃亦同称民主，而英美之间复有不同，可见民主政治尽可有种种异相。中国所要者，乃为一种自适国情之民主政治，重在精神，不重在格式。苟非中国人能摆脱模仿钞袭，有勇气，有聪明，能自创自造，自适国情，则或主步趋英、美，或主追随苏联，国内之政争，将以国外之政情为分野，并将随国外之势力为消长，国家政治基础将永远在外不在内，在人不在我，以此立国，何有宁日。

二

所谓民主政治之精神，莫要于能确切表达国民之公意。今试以此绳切当前之政论。有所谓团结与联合政权者，其意所指，则在各党各派间。若在英、美，多数民众无不隶属于政党，故多数党执政，即为代表国民多数之意见；诸党联合，即为代表民众全体之合作。中国则不然。党人之比数仅占国民全数一小部分，一党专政，固不得谓是多数之民意，即使全国各党各派联合团结，论其数量，依然占国民全数甚小之比率。政党代表不了民意，此乃中国目前政情一特有之症结。必由此着眼，仍始为对中国政治对症下药之途径。

中国人对政党兴味异常淡漠，此乃一不可掩饰之事实，此非中国人对政治无兴趣，惟其对政党政治则兴趣实嫌不足。此不得以中国人民教育程度不足，政治智识不够为理由。当知政党政治实于国情未为适合。若求适合国情，则莫如创设一"公忠不党"的民主政治。此种政治，虽可有政党，而政党退居不占重要之地位。而今日国人之意见，则颇不如是。大率以为民主政治之运用，必有待于政党，而政党活动则群认英、美为楷模，此亦几乎成为国人之公论矣。

今姑不论英、美政党利弊之实际，当知英、美政党政治，亦自有其特殊之背景。此亦仅英、美为然，其他各国并不尽然。法国号称民主先进，彼与英仅隔一水，文化之相染涉者甚深且密，然法国常见为诸小党纷立，不能如英、美之为两大党对峙。其他欧洲诸大邦如德、如意、如俄，则政党成绩演化更浅。上次欧战以还，彼诸国王室倾覆，政局变动，皆各自有一种新政体出现，均不能步趋英、美之后尘。同为政党政治，而其间不同已如此。

中国传统哲学，民族特性，皆与欧、美不同。今日国家一般情势，与夫社会经济形态，亦复与彼诸邦未可一概相拟，然则必求中国强效英、美之先例，此亦何见其可者？强不可以为可，不仅无成效，抑且转生病害。

民初以来之政党成绩，当犹在国人之脑际。其时论政者有慨而倡为毁党造党之论者。何以薪求毁党？此因当时的政党实在要不得。既主毁党，何以又主造党？则因国人心理，必谓民主政治之运用绝对需待于政党。不知民主政治可以为政党政治，而不必定为政党政治。今日何日，国步艰危极矣，然尚有不可解之党争，有待于国人之高呼团结，则吾民德之不习于政党政治，其去民初岂甚相远。今纵使国内诸政党皆各降心相从，团结一致，然若只就政党立场，则其去真实民意，岂不犹甚远乎？况并此诸党之团结而不能。

然今日中国不能有好的政党政治，此不足为中国病，抹杀国情，一味效颦他邦之先例，即根本不足为好政制。中国人岂特不能步趋英、美，实亦不能步趋德、法或苏联。中国人实际利害观念不坚强，则不能效英、美；崇拜伟人之心理不狂烈，则不能效德国；严切组织克制异己之手段不深刻，则不能效苏联。一党专政既为群情所不安，而诸党互竞又为民德所不习，政党政治之在中国，其前途甚黯淡。然此并不足悲观，所足悲观者，乃在中国人不能自创一自适国情之政制，而必步趋他人之后尘，则其政治将永无独立自定之望。

所谓自适国情之政制者，大体言之，即所谓公忠不党之民主政治。"公忠不党"者，乃超派超党、无派无党，或虽有党派而党派活动在整个政制中不占重要地位之一种民主政治，亦即所谓"全民政治"。

三

今日问题所在，应问此种公忠不党之全民政治是否有创生之可能？若谓有之，其政制之大体结构又如何？

我请直率言我意：则此种政制在理论上，事实上皆已有之。若言其大体之结构，则孙中山先生之"五权宪法"，即其理想之一型。我前已言，中国传统政治之最高理论与终极目标即为一种民主政治，而此种民主政治之所向往，即一种公忠不党或超派超党无派无党之民主政治。中山先生之五权宪法，本为融通中外而创设，故其精神所寄，亦自涵有公忠不党超派超党无派无党之精义，其所以为适切国情之点亦在此。此义甚深，国人言者尚鲜，请试申述之。

首当论中国传统政治之所向往，何以为一种公忠不党、超派超党、无派无党之民主政治？西方学者言政体，率分三类：

一、君主专制。

二、贵族政体。

三、民主政体。

中国自秦、汉以下，严格言之，早无贵族，中国传统政治之非贵族政治，此不待论矣。中国虽有君主，然固非君主专制，此如英伦虽至今有君主，然不害其为民主政体。中国传统政治，既非贵族政治，又非君主专制，则必为一种民主政体矣。然中国传统政治下乃无代表民意之国会，此则颇滋近人疑病。

然试一考西方政史，国会之起源，其时民权思想初现，政府乃为君主与贵族专擅之私物，与民众固无预，召集国会即所以代表民意，即以此监督政府；政府则对国会谘访民众之同意。故西方政史当民权思想初现，其时则政府与民众为显然对敌之两体。所谓国会与民权者，则仅为一种监督与同意之权而已。其后民众势力日盛，政府乃始以国会中多数党组阁，由是则民众与政治渐合一，然国会中少数党则仍与多数党成敌对之势，此则所谓在朝党与在野党是也。故西方政制，乃至今未脱一种双方对立之形势。即"政民对立"之形势，俨若民众之与政府，宜处于敌对之地位然者。即上次欧战以后，意、德、苏联新政制创兴，亦以一党控制党外民众，其为两相敌对之形势犹存在。故西方国会初起，乃为一种间接民权，以其只代表民意监督政府，而政府本自与民众对立，民众只有监督行政之权，故可谓之"间接民权"。

若论中国传统政制，虽有一王室，有一最高元首为全国所拥戴，然政府则本由民众组成，自宰相以下，大小百官，本皆来自田间，既非王室宗亲，亦非特殊之贵族或军人阶级。政府既许民众参加，并由民众组织，则政府与民众固已融为一体，政府之意见即为民众之意见，更不必别有一代表民意之监督机关，此之谓"政民一体"，以政府与民众，理论上早属一体。故知中国传统政治，未尝无民权，而此种民权，则可谓之"直接民权"，以其直接操行政之权。

西方民权之初现，仅为间接之监督权，而中国传统民权，则为直接之行使权。故西方民众与政府对立，而中国传统观念，则民众与政府合一。若以中国传统政制无国会，便谓中国传统政治无民权，此实皮相之见。

中山先生五权宪法中考试、监察两权，厥为中国传统政制精义所寄。考试制度之用意，即在"公开政权，选贤与能"。夫真能代表民意者，就实论之，并不在人民中之多数，而实在人民中之贤者。中国传统考试制度，即在以客观方法选拔贤能，而使在政府中直接操政。故西方政制为政民对立，而中国传统政制则为政民一体。西方政制为间接民权，而中国传统政制则为直接民权。西方政制为多数代表，而中国传统政制则为贤能代表。多数代表亦可称之为统计代表，统计投票数与举手数之多少而决从违，贤能代表亦可称之为人才代表。中国古语所谓"贤钧从众"，盖以才能贤否为第一条件，而人数多寡则为第二条件。既主行使直接政权，自必重质胜于重量，重才能胜于重数字矣。中山先生于民权主义中即详论"权""能"之分别，又特倡"知难行易"之学说以为其政论之根据。若论多数，则不知不觉之民众必占上选，然真能代表民众中不知不觉之多数者，转在少数先知先觉与后知后觉之人才，故据中山先生之意见，亦必主张贤能代表之传统观念。

中国自汉代之"地方察举"，经历魏、晋以下之"九品中正"，以至隋唐以下之"科举竞选"，中国因有此一制度，故能不断自社会民众中选拔贤才使之从政。且不仅许此等人物以从政，并亦政府全由此等人物而组成。

而与考试制度相副为用者，尚有铨叙制。礼部之"科举"与吏部之"铨叙"，实为一制度之两翼，所当夹辅而并进。因有考试制，故能妙选全国人才，开其从政之路；因有铨叙制，故吏途之进退迁转，皆凭公开客观之资历，不以一人一时之好恶与私见而升黜。英国文官考试制度，即由采纳中国考试制度而创生。然其间复有一重要歧点。盖英国文官制度，只限于事务官，至政务官则一视政党之进退为进退。中国之考试与铨叙，则无宁以政务官为其主要之对象。宋、明以来为宰相大臣者，几乎全数必经考试制度获得其从政之资格，又全部从铨叙制度获得其升擢之阶履。故中国传统政治，只除王帝一人，自宰相以下全部政府人员，依理论之，皆当由考试制度选拔，皆当依铨叙制度任用。虽事实有不尽然，然大体亦不能甚违此原则。

惟其如此，故人民之有志从政者，乃不需自结党派以事斗争，而每以公忠不党为尚。此自中国传统政制结构重心与西方不同。我所谓中国传统政治为一种有意趋向于超派超党无派无党之民主政治者，考试制度实为其主要一机能。

其次请言监察制。中国传统政府，既由选拔社会贤能而组成，故可不需于政府外别有一民众之监察机关，此已言之矣。然其在政府内部，则仍自有监察机关之存在，所谓御史制度是也。中国传统政制，尚有与御史制度相足互成之一制度，则为谏议与审驳，此亦犹如铨叙之与考试，必两机能相配合，而后其用意功能乃益显。谏议封驳，在汉已有之。下迄唐、宋，发展益著。在唐为门下省，在宋为谏垣，在明为尚书六部分科给事中，皆此一机能之递演。所谓台谏分行，政令之推行有缺失，则台官弹劾之；其政令自身有不当，则谏官驳正之。故依中国传统政制之惯例，王帝诏敕，必由宰相副署，始得行下。而宰相政令，得由门下省或谏垣驳议纠正。谏官认为不可，可以抑而不下，或封还改定之。此"监察"与"谏诤"之两职，盖即在政府内部，而对其政权施以一种适当之节制与裁抑者。

中国传统政制，因有此等制度之存在，故虽不能如西方之有国会与政府为对立，而政府权力仍有其自身调节之机能。今日政事益趋繁重，非有专门学养，往往不克胜任愉快。国会议员未必于行政各部门均有专识，则其对政府政令之批评，及其从违之意见，只有依随自己党派中之意见而转移。故虽云取决多数，而实际则仍瞻少数有专识者之马首。如明代分科给事中，对行政各部门分别设官审核驳议，此亦略如近代政府中有专家顾问，傥今政府各部门政令，均有此等分科专家司其审核与驳议，则虽无国会监督，亦可减少政府失职之机会。傥以此等分科制度与国会相辅而行，则可减轻国会之负担。中山先生五权宪法中特设监察一权，用意本兼及此。惟今之监察院，则仅有弹劾，而不复及于审驳，是只当于中国传统政制下之台官而未及于谏官。其实中国历史上之所谓谏官，不专于对君主，其在今日，仍有可以斟酌采用之余地。其间得失且勿论，而中国传统政治之虽无国会，自有其制衡，其义亦即此而可见矣。

今若以中山先生之"五权宪法"，再为比附于中国传统政制，则行政院乃约略如唐代之尚书省，此只代表全个政府中之一部分机能。然吾人傥以最狭义之眼光诠释政府，不妨即以行政院当之。此外尚有四院，用人升黜之权在考试院，督察纠正之权在监察院，创制立法之权在立法院，惩戒处罚之权在司法院。使此四权均能独立运用，克尽厥职，则决不患行政院职权之过大。以政府内部自身固已有其调节裁制之机能。若依西方民主国先例，亦惟关于行政部门之官吏可随政党为进退，其他若司法官或海陆军人，即多超然党派之外，以不卷入党派漩涡为原则。

中山先生之五权宪法，本属采用西方三权分立之理论而略加变通，则其所谓之"五权"，亦必求其各各独立，行政权以外之四权，亦必求其能超然于党派之外，不随党争为转移。今使此考试、监察、立法、司法之四院，皆能妙选人才，得全国之优秀而任使之，又使超然党派之外，则一理想中五权宪法之政府，当只有一行政院，或可仍随政党之进退为进退，而行政院用人，仍须先经考试院之考试。此则政党活动，岂不在全部政制机构与运用之中，已减轻其重要之地位与影响乎？且使此四权而各各克尽厥职，运用得宜，则国会任负亦将随而减轻。近代民主政治中政党活动之重要场地，即在国会，今既减轻国会之任负，则政党活动之重要，自亦随而减轻。循此演进，虽使逐渐臻于公忠不党、超派超党、无派无党之境界，固非绝不可能之事。故余谓中山先生之五权宪法，实即为理想的公忠不党超派超党无派无党的民主政治之一型，而又为接近传统政制适合国情之一型。

四

或者将疑我说，有意为中国传统政制作辩护，夫今日国人对已往传统政制好肆诋毁，我岂不知，我何必好人所恶，以召笑而招骂。且中国传统政制，自有其病害，昭彰史册，我岂能一手掩尽。顾当知古今中外，绝无一种十全十美有利无病之政制，惟其如此，故任何一种政制，皆有赖于当时人之努力改进。亦惟其如此，故任何一国家，苟非万不获已，亦绝无将其已往传统政制，一笔抹杀，一刀斩割，而专向外邦他国模拟钞袭，而谓可使其新政制得以达于深根宁极长治久安之理。为此想者，盖非愚即惰。中国传统政制，虽为今日国人所诟詈，然要为中国之传统政制，有其在全部文化中之地位，无形中仍足以支配当前之中国。诚使中国传统政制，尚有一些长处，尚有一些精义，岂得不为之洗发。倘能于旧机构中发现新生命，再浇沃以当前世界之新潮流，注射以当前世界之新精神，使之焕然一新，岂非当前中国政治一出路。中山先生之五权宪法，其用意正在此。

今试再指陈中国传统政治之病害，最大者在上到底多了一个迹近专制的王室，在下到底少了一个代表民意的国会。此亦由中国历史环境所造成。中国乃一广土众民之大国，欲求政治之统一与安定，不能不有一举国共戴之元首。而此元首之推戴，若由民众选举又多不便，于是乃有世袭之王室。此均为中国历史环境所限，无足深怪。抑且正为其缺乏一国会，故能逼出考试与铨叙制度。正为其有一世袭之王室，故能逼出监察与审驳制度。此中消长，正亦得失参半。中国传统政制，虽不能谓其确已达到无派无党之民主，要不可谓非向此标的而趋赴。故其政府官吏，均来自民间。今日布衣，明日卿相。而王室则一线相承，因政体之安定，往往可以承袭至数百年之久。然亦由是而易于酿成王室之骄奢，并使朝臣无法矫正，渐积日久，腐化影响渐播渐大，终至激起全国之大乱。此为中国史上屡见不一见之事实。至于元、清两代，其王室背后皆有特殊的部族势力为之拥护，遂使此两朝政制，更趋于专制黑暗。然此两朝，究不得为中国传统政制之代表。今英伦政制，见推为举世宪政之先进，然其王室尚岿然存在，说者谓其对于联合王国之维系，犹为有莫大之功用。以彼例我，中国传统政制中有一王室，固不当受今日国人过甚之诟詈，惟要之则为中国传统政制下一害多于利之病根。辛亥革命，将二千年递嬗之王室，一旦扫除，洵为快事。

中国传统政制，少一国会，此亦一莫大缺陷。虽有考试铨叙制度，为直接民权之础石，有监察审驳制度，为行政权力之调节。然政府与民众，终不能不因其地位之悬殊而异其观点，若非有一专司代表民意之国会，则上下之间，终必时时有脱笋落钩之虑。今中山先生之五权宪法，既于西方民主政治三权鼎立之理论上，提炼出中国旧政制中考试、监察两权而改成五权，又于其上面抹去一王室，于其下面增添一国会，此诚斟酌尽善，不可谓非外顺世界潮流，内适传统国情之一种创制。

五

以上所言，意在申明中山先生五权宪法所以适切国情而与徒事钞袭模拟者不同之处。今再扼要言之，则五权宪法中，国会权能之减轻，实为甚关重要之一点。英、美三权分立，国会占其一。而行政部分常与国会多数党通成一气，则国会权能，实际上已占全部政制中最关重要之三之二。故国会实为全体政制重心之所寄。若论五权宪法，则行政部分只占全体政制权重之五分之一，其活动机能实较英、美制度为削弱。国会中之多数党，纵与行政部分通成一气，其影响于全体政制者，亦仅五之一耳。且于国会外别有立法院，此则于中国传统政制中亦可寻得其痕迹。中国自秦汉即特设博士官参加朝廷之政议，博士官者，并不负政府实际行政责任，而仅为一种自身具有学术性质的顾问与参议而已。隋唐以下，每遇政府大法律大政典之修订编纂，亦多妙选贤才，择其学识渊博者司之，既不必为政府之大吏，亦并不为社会普通之民众。

此亦传统政治侧重贤能代表之一种表现。近代政治法律各部门牵涉益形繁复，其所需于专家之通才特识者益甚。今于国会以外别设立法院，实有其与国会立法相辅互成之妙用。而要之五权宪法下之国会，其权能职任，较之英美政制显见轻减，惟此并不妨于民主精神之发扬，此实中国传统政制精神所在，其用意偏于贤能代表与直接民权之运使。

或疑中山先生五权宪法，于中国传统政制固有所斟酌采取，然中山先生平日实无超党超派废党废派之言论，此层请再阐说。中山先生论政分军政、训政、宪政三期，并常谓国民党乃一"革命党"，此可见中山先生心意中之国民党，亦与普通政党不同。夫革命决非为一党之争夺政权而革，革命运动亦可暂不可久，安有一国家一民族而可常在革命中过生活之理。故革命党乃应一时不得不有之需要而产生，其本身即为一过渡，其本质即是一公忠不党之党。一俟党政完成，则革命事业便告终止，其时则革命党功成身退，还政于民，此非公忠不党而何？

惟革命党还政于民，同时即是宪政开始，而中山先生之所谓宪政，则自指其及身所倡导的五权宪法之宪政而言。既为五权宪法，则自将侧重于贤能代表与直接民权。既主贤能代表与直接民权，则国会任务，自必轻减。国会权任轻减，则政党活动之影响亦随之削弱，此皆相因而必至之事。循此演进，使政党政治渐失其重要性而逐步趋于超派超党无派无党的理想之境地，即所谓全民政治者是也。中山先生之所谓"还政于民"，其终极涵义必如此。

而今日一般国人之意见，则若谓召开国会即是宪政开始；还政于民即是开放党禁；由国内各政党公开竞选，即为民权。如此意见，纯是根据英、美先例，此与中山先生之所谓宪政，实有其毫厘之当辨。当知召开国会，虽为宪政开始题中应有之一义，而非题中仅有之一义。其尤要者，在中山先生之意，必为切实完成五权宪法，并切实推行之，使能以贤能代表运用直接民权，以达于理想的全民政治，即我所谓超党超派无党无派之民主政治。惟有如此，始为适合传统国情，顺应世界潮流，否则民国初年党争恶果，国人纵健忘，当能记忆。国步艰险，尚未见其所届，政事为国命所系，吾人当本理论求实验，不能漫谈试验即奉为至高之理论。中国民众四亿五千万，若以五十万人得代表一人，国会议员当得九百人。此已不可谓不庞大。而今日之国民大会其庞大尤过之。以国人今日情况言，其对于政党兴味之不忠恳，其组织能力之不熟练，此皆不容讳饰。以最近乡间举一保甲长而引起之选举舞弊，一切之一切，岂可谓较之民初，遽已远胜。然则将此三十余年来辛勤所得之政治基础，而拱手交之国会，此庞大之匆遽集团，谓能胜此重大之付托耶？贪还政于民之美名，冒轻率尝试之实险，忠于谋国者当不如是。

六

惟其间尚有一易滋误会之事实所当指述者，中山先生谓训政结束而后宪政开始，而今日之国民政府则早在训政期间已先摆出一五院之规模，因此五权皆隶于一党，此虽中山先生生前先已言之，然五权宪法究与一党训政不同，而在今日国人之心目中，乃若五权宪法与一党主政，其间并无甚大之出入。此在中山先生初意，决不如是。依西方民主先例，司法权既独立于党派之外，则考试、监察、立法三权亦必当独立于党派之外可知。惟有行政一权，为谋推行之便利，不妨仍由政党运使。然则政府五权，虽当同对国会负责任，虽当同受国会之监督，而不必牵连共同为进退。今日国会权能尚未确立，政党发育尚未饱满，中国政治既必向民主方向趋进，而同时又期求政治之易获安定，则五权宪法纵退百十步言之，亦尚不失为一种过渡救时之良法。

故自国民党言之，惟有五权宪法之确立，乃始为宪政之开始。革命之完成，固不得仅以召开国民大会，解放党禁，自己退处于普通的政党竞选，遂谓已尽其开始宪政还政于民之重任。而自国民党以外之各党各派，以及无党无派之全国民众言，亦不当仅以要求召开国民大会为已足。当知今日国人所需者乃贤能代表与直接民权之全民政治，当进一步要求五权宪法之确定与实施，当要求考试、监察、立法、司法四权各各独立，使此四权先能超然于政党政治之外，而容许在野少数党之贤杰，以及无党无派之优秀分子以尽量之参加。若本此而论，则《五五宪草》，亦尚未为真得五权宪法之精义。而最近所拟召开之国民大会，其代表之选举，亦大有可资商榷者。

要之，今日中国政治之出路，惟有切实推行五权宪法之一途。苟非抱有一党专政之野心，与夫食而不化，徒知模仿追随外邦他国之已然先例者，当知此乃一种根据纯学理之讨究，而又切合于当前之局势，抑且顺应世界新潮流，适切中国旧传统，实可循此以达于深根宁极长治久安之境地之惟一途径。

（一九四五年三月《东方杂志》四十一卷六期）

二、选举与考试

一

中山先生五权宪法，特设考试一权，其用意本为防制选举流弊。其言曰："民选是一件很繁难事，流弊很多。因要防范那些流弊，英、美制度便想限制人民选举资格，如规定必要有若干财产，才有选举权。此种限制和现代平等自由潮流相反。而且单是限制选举人，亦非补救好方法，最好只有限制被选举人。如果被选举人没有一个标准，单行普通选举，亦可生出流弊。议员或官吏，必要有才有德，从前中国官吏，经过考试出身，便算正途。在专制时代君主以用人为专责，故能搜罗天下人才，考试尚非必需。今日共和时代，人民没工夫去办这件事，考试更是万不可少。"又谓："没有考试，有本领人没法知道，暗中便埋没了人才。譬如举行省议会选举，要选八十议员，如定三百人候补，我们便在此三百人中选。若专靠选举就有点靠不住。"又举一美国选举笑话，谓一博士与车夫竞选，结果车夫胜利。此乃"只有选举没有考试的弊病"。（以上摘述中山先生"五权宪法"讲演大意。）

故中山先生五权宪法中之考试权，不仅将用以考试官吏，抑且用以考试议员。议员或官吏必自考试获得其初步之资格。若选举省议员八十人，则先经考试，以三百人为候补，再就此三百人中选举之。推阐中山先生之意，凡政府所除各部官吏，亦必先经考试获得其进仕之资格。如国会中某党占多数，推举其本党人组织政府，亦必推举其党中之已经考试而获得进仕之资格者，始为合法。若连铨叙制度言，则必推举不违背铨叙资格者始合。犹之各党竞选，各级议员亦必各就其党人中之已经考试而获得候补当选之资格者选举之，此始为考试权之独立，此始为考试权在五权宪法中应有之职任。

二

中山先生此种"考试""选举"相辅为用之意见，求诸英、美并世诸邦，诚为无此先例，故中山先生谓五权宪法为其个人所独创。然若求之中国传统政制，则乃有不谋而合之妙。盖中国传统政制中之考试制度，本由选举制度演变而来。易辞言之，中国考试制度本所以补救选举制度之流弊，故谓与中山先生之理论有不谋而合之妙。

西汉时，中国则有选举无考试。其时有不定期选举，如"选举贤良"。有临时选举，如"举奇材异能""出使绝域"或"通晓兵法"或"明习水利"之类。有定期选举，如"举孝廉"，孝廉初亦为不定期选举。"贤良"资格高，待遇优，"孝廉"则否，盖贤良乃属优秀人才与高级官吏之选举，而孝廉则仅为普通人才与低级官吏之选举。故当时竞慕贤良，不乐应孝廉，汉廷乃定孝廉为按年之定期选，每一郡至少各以二人应，自后孝廉遂为常选，而贤良诸科举行渐少。

及东汉和帝时，孝廉察举始勒为定额，郡率二十万口岁举一人，四十万二人，上至百二十万六人。不满二十万，二岁举一人。不满十万，三岁举一人。此种选举，既为仕进正途，人争趋之，流弊渐滋。至顺帝时，乃为限年，并加考试。一时名臣如黄琼、胡广、张衡、崔瑗之俦，竞起诽议，盖既为选举，而又加以考试，似为不伦。然左雄在尚书，坚持其议不为动，一时不敢妄选，号称得人，以后竟亦不废。此中国考试制度由选举制演变而来，其用意在防选举之流弊之历史的明证。

惟汉代选举，皆由地方官任其事，魏、晋之际，中原板荡，地方中央失其联系，地方官亦极少能推行其政令者，选举莫克遂行。时陈群为尚书，遂创"九品中正制"，此乃一种军事时期之临时制度，各就地方推举名德，择其现任中央大吏者，使兼为本州之大中正，其下又各有小中正，各就其本州郡人物才行所宜，分品列状，上之吏部，以为政府用人之标准，此谓"九品官人簿"，实即一种人才调查表。故魏、晋以下之九品中正制度，其用意实仍沿两汉地方察举制而来。惟因军事时期，地方察举有所不便，故创此变通办法。自有此办法以后，吏部择用人才，仍有一公开客观之标准，而后上自朝廷，下至各军队，皆不得随意援用其亲私。故此一制度，在当时仍为有莫大之效用。而推行以来，流弊仍不免，所谓中正者不中正，而九品官人簿渐渐变为当时新兴门第之护身符。其时门第势力方盛，因而此制亦难骤易。

直至隋、唐统一，乃始正式有考试制度出现。此即所谓"进士科举"制。自有此制，全国有意参政之人士，只须自写履历，到地方衙门请求应考，而不必再经地方官吏之察举。故两汉以下中国政府官吏之登用必经选举，而隋、唐以下则不经选举而改经考试，考试制度乃正式与选举制度为代兴。然在当时政治上之习惯称呼则仍目为选举，不谓之考试。故杜佑《通典》食货第一，选举第二，此谓经济乃政治第一基层，而选举乃政治第二基层，此种意见，正与近代意识相距不远。而杜氏之所谓选举，正自两汉地方察举下至隋、唐进士科举，一串叙下，此又中国考试制度乃由选举制度演变而来之一证。

惟其考试制度由选举制度演变而来，故自唐以下，历代考试，各区域皆有录取定额。其在宋代，已有东南州军百人取一，西北州军十人取一之比差。此由东南经济富，学术盛，应试者多。西北经济贫，学术衰，应试者少。而政府则调和折衷，定一中数，使经济低落诸区域，仍得于政府人员中占有相当之比率。直至清代，此制未变，故经济富学术盛如江、浙，经济贫学术衰如陕、甘、黔、桂各省，科举皆有定额，不使相差悬绝，故中国历两汉迄清末二千年，其政府官吏大率平均分配于全国各区域，不使有偏枯偏荣，此与近世英、美选举议员以区域配额之用意亦复相似。故曰中国考试制度本源选举，惟中国自古为一广土众民之农业国家，非希腊、英伦之比，市民选举之制既所不便，故转而出此，是亦不失为因地制宜之一道。

三

故自中国传统政制言，则远自两汉以来，已有选举制度。惟中国与西方异者，西方选举议员，代表民众，监督政府；而中国则直接选举官吏，组织政府，行使政权，此其异一。故余谓西方民权乃"间接民权"，而中国民权则为"直接民权"。

又西方选举由民众，而中国选举由官吏，此其异二。此种异点，亦因双方政治观念不同，西方以政府与民众为敌体，故民众代表必由民众自选。中国则认为政府与民众为一体，故官吏自身即为民众之代表，则选举由官吏任之，自亦不见其违理。夫政府亦社会之一机构，官吏亦民众之一分子。今试问何说而必谓其在社会则必佳，在政府则必恶？为民众则必好，为官吏则必坏？若一为官吏，一入政府，便成为民众之敌，便不足代表民意，则推理至极，自必造于无政府之境界而后可。安见西方之民主政治之遂遽为尽善尽美乎？故余谓"西方政治为政民敌立，而中国政治为政民一体"。

或者将疑我说，则请举一节以资证明。西方民权思想兴起，国会创生，其初最要争点即为政府之赋税，必经民众代表之同意，此由西国征赋本无准的，政府与民众情意本隔膜，故人民不得不奋起以与政府争。若在中国，秦、汉以下，赋税即有定制，悬为法令，著之史册，斑斑可考。固无如西方中古封建时代之横征暴敛。其遇国家有不得已，改变税额，朝廷群臣，例许各抒所见，以定从违。远之如西汉民间贤良与政府财务大臣争论盐铁政策之利弊，后之如宋代新旧党争，如青苗、免役诸法，当时荆公、温公两党所侃侃而辩者，其立言陈义，莫非根据民生之利弊与夫民情之向背。正使宋廷召集民众代表，其所陈述，亦何以远异于当时新、旧两党朝廷官吏之所言？此因朝廷官吏本亦来自民间，政府与民众本自相通一气故。

此种分别，在中山先生民权主义之演讲中亦已透露其消息矣。中山先生谓民权发达，人民便有反抗政府之态度，此即西方人从政民敌立之情势下所产生之政治意识。又谓中国人常称赞尧、舜、禹、汤、文、武，中国人常羡慕要一好政府，此即东方人从政民一体之情势下所产生之政治意识。今试问政民敌立之意识岂必是，政民一体之意识岂必非？今日东西贫富强弱所以悬殊，亦自有种种因缘，种种关系，岂即由于此种政治意识上之双方不同而致然乎？

中国传统政制中之选举制度，又有与今日西方选举制更大不同之一点，即西方注意在选举人，而中国则注意在"被选举人"。汉代选举孝廉，有其当时之不成文法，第一必为国立大学之毕业生，第二必为服务地方政府之僚吏之有经验与成绩者。地方官则采酌社会舆情，就此两项资格中挑选，此为汉人选举之常规。盖西方民主政治，起于小国寡民，又为人口集中之都市，故可于选举中尽量表达民意，并主选举权之尽量普及。中国则既为广土众民，而又为散漫分布之农村，故主于选举中尽量拔取贤才，又主被选举者之尽量限制与尽量严格，此其异三。

中国既于被选举人加以限制，而对主选者则任之官吏，较为宽弛，故其流弊，则常为主选者之不公。隋、唐以下，针对此一流弊，径将选举人废去，开放考试，使有志被选举者皆得自由投考，于是两汉之选举制遂一变而为隋、唐以下之考试制。自此官吏主选者徇私舞弊之病遂获革除，尚人的意义愈少，尚法的意义愈多。盖中国传统政制中之考试与选举制度之更迭代兴，正为中国政制自"尚人"渐趋于"尚法"之一象征。

然隋、唐考试，其先尚极公开，有所谓公卷与公榜者，此并采纳舆情，不全凭考试一日之短长，而其间仍不免有流弊。于是宋代以下，糊名弥封，锁院誊录，种种关防，次第发生。中国后期考试制度之严密，可谓已尽法治之能事。至于所试诗赋、策论、经义、帖墨种种争辩，其意亦只在如何而可以确得贤才。及其末流，乃有明代成化以下之"八股文体"产生，此固深可訾病矣，然论其制度演变之大体，其用意不外乎希望觅出一种智力测验与心性测验之良好标准，则固先后如一辙。

然则此东西双方之选举制度，果谁是而谁非，又孰优而孰劣乎？曰惟政治为人群最现实之活动，此只可辨异同，不当论是非。凡政制必与其民族哲学文化传统相近合，必与其社会背景历史沿革相调和，惟当于不违其民族哲学、文化传统、社会背景、历史沿革下求不断之改良与进步，以期不断的推陈而出新。苟舍此而空论是非优劣，则实无是非优劣可言。古今中外，政制异同，亦至繁迹矣，然要之有两大义为一切政制所不能背：

一、在求如何使贤能登进。

二、在使贤能既踞高位，不致滥用权力以假公而济私。

使能达此二境，此即为一种好政制。在中国则有考试与监察制度，在西方则二者皆并任于国会。以西方政治之演进浅，选举与监察，皆为彼中所无，国会后起，乃揽之于一身。中国政治之演进深，远在两汉，已有选举、监察制度，故中国可以至于晚近而无国会。若据此一节，便谓中国自秦以下，即为专制黑暗，此可供辛亥革命前后一种随宜之宣传，固非历史真相之定评。

今诚承认政制不能与民族哲学、文化传统、社会背景、历史沿革之全体违离太远，则中国旧政制固有其作参考之价值，抑且有推陈出新之必要，中山先生之五权宪法，其可贵即在此。《五五宪草》凡公职候选人，必经考试获得其资格，即所以限制被选举人之标准。

抑犹有进者，一政治机关，苟其意义变，则其一切组织与地位亦将随而变。西方初有国会，乃为监督政府，与政府为对立。

惟国会乃为民意之大本营，乃为民权之根据地。故国会选举，遂为全部政制之中枢，亦为全部民意所寄托。今若于政民一体之观念与体制下而有国会，则国会之意义必大变，国会特表显民意之一角度，特运使民权之一部门。官吏议员，皆人民也。政权治权，皆民权也。国会非与政府为对立，乃与政府为协调。国会与政府非为两种力之抗争，而为一种力之衡平。故国会与政府，同为代表民意，同为行使民权，何以于政府之外又要一国会，此乃祈求民意之于多方面道达，民权之于多方面运用，而尤要者则在求其内部自身相互间之衡平。故于全部政治机构中有国会，其用意在求全部政治机构内部自身之意见与权力之益臻衡平而协调，非在政府之意见与权力外，别求一国会之意见与权力，以与之相抗争而敌对。

今若以此新观点与新理论而创生新国会，则必与英、美诸邦国会成格，有所不同。若深究中国传统文化与民族哲学之精义，则实当要求此种新国会之产生。中山先生"五权宪法"中已有监察一权，分去国会一部分之职权；又有选举一权，限制议员候选人之资格。此在英、美观点论之，或可有减削国会权力不够代表民意之感想，然若从政民一体之新观点立论，则一切当从全部政治机构中意见与权力之衡平着眼，即无所谓职权低落与不够民主之嫌。考虑国会选举法者，西方之所争有所不必争，西方之所忌有所不必忌，而推求其若何网罗贤才，若何道达民意，若是则已。

四

今再申述上义，政府与国会，既同为代表民意，又同为行使民权，故议员与官吏，亦当同经国家考试，不必专认选举为民意之表达，而不许政府之插手。又国会之在全部政治机构中亦以期求全部政治意见与权力之衡平为宗旨，不必专凭国会为与政府相敌对。故国会选举，亦遂为国家全部行政机能下之一种作用，与一种方策，并非超出于国家全部行政机能之上而别自有其他使命与地位。若果本此两义，则国会选举，除却必经政府考试为被选举人资格之一限制外，实尚有可得而略论者。

"区域选举"最先即为西方所注重。其用意本亦在求全国各区域之衡平，惟依中国传统考试制度之用意，则其谋取衡平之方法，颇有可以变通用之之处。如清代考试，各省举人中额，规定江南一百十四名，内江苏六十九名，安徽四十五名。浙江、江西各九十四名，此为配额最多之省分。如广西四十五名，陕西四十一名，贵州四十名，甘肃三十名，则为配额最少之省分。甘肃三十名仅得浙江、江西三分之一。然使以当时经济状况文化情形论，则实际相距尚不止此。若使甘肃举人与浙江、江西同等应试，以同一标准录取，则甘肃当尚不能到达三分之一之比率。此乃政府一种衡平精神，借考试制度而运用表出之，故使全国政府人员中，甘肃人之比数，常能到达一相当之定额。凡中国二千年来之所以永保其完整之统一，使各地民众常对国家有其永久不渝之向心热忱，又全国各地经济文化之差别常不致相差过甚者，要之此一制度无形中实有莫大之效用。

民国以来，考试制度废去，此种衡平精神一旦失掉，以目前情形论，除却地方官吏不计，若以中央官吏与各地有关全国性之行政官吏而统计之，恐甘肃籍者决不能抵浙江籍之三分一。如此循而不变，则各地之差异，将愈演愈烈，势将使某几区域之国民在政府中之地位永远落伍，此决非国家所祈求之现象。

今考试制度将复未复，官吏之选用，一时骤难矫正，窃谓正可于国会代表之选举中稍谋救济。偏远省区，经济文化水平比较落后，其在中央政府及有关全国性之行政人员中已占甚少之数字，则不妨于国会代表之区域选举项下增其比率，使各该区之民众亦得多有参预国家全盘政治之机会，此即为一种衡平精神，此于整个国家之福利上，实有莫大之影响。若专以代表现实力量计较，则此各区域，户口数字、经济状况、人才标准处处落后，其在国会中之代表名额亦必落后，此虽貌若公平，而实际不公平。正如英、美高唱民众普选，高唱直接选举，然求其底里，选举胜利者始终在资本贵族，故知衡平精神，贵能变通而用。循此原则，如蒙古、西藏以及国外侨民等项，其代表名额均可按此衡平精神之规定。又如今西南各省之有少数部族，若依普通选举，则在各该省区内颇难有当选之人，此亦当斟酌采用衡平精神以为之调节补救者。

或疑此种衡平精神，复与尚贤主义相乖，此殊不然。夫国家之尚贤精神，一面固重在贤才之拔取，一面尤贵于贤才之养育。如经济文化水准较高之各省区，其有贤才，固已可以在各方面寻求发展。其边省特区，经济文化水准较低者，亦未尝无贤才之挺生，而限于环境，其活动范围，早已狭窄，政府以一种衡平精神，特加鼓励，当知所取亦各地各族之才杰，而又加之以扶植与培育，此诚一举数得之道。

区域选举之外，又副之以"职业选举"，此亦多方罗致贤才之意，而又不失于在各部门各方面寻求衡平之精神。惟此种衡平精神，仍可有变通用之者。窃谓私人资本之黄金时代，已成过去。将来之世界，必为国家计划经济与社会公共资本之世界。且中国经济落后，若欲扶掖私人资本以与并世资本主义先进国家相抗衡，此之谓不自量。充其极，亦惟成为一种买办资本与殖民地资本之地位而止。苟非群策群力，团结为国家之集体经营，不足以求国家民族经济之独立。抑且求之中国之传统文化与民族哲学，私人资本亦断不当容其发荣滋长。若本此观点而论职业选举，则将来凡属服务于国营经济事业之人才，其选举被选举权，当较私人自由职业团体，优予比率，此亦运用衡平精神之一道。又急公好义，悬为中国之古训，将来私人资本，既仍有相当发展之地步，则莫如奖励私人资本之乐善奉公。若规定各自由职业团体必须有若干资产若干基金成分之贡献于公共事业者，始得参加选举，此又活用衡平精神之一法。

区域选举职业选举之外，窃谓尚可有"学术选举"与"名誉选举"之规定。此亦多方求衡平之一道。社会不乏学术湛深，性行卓著，事业文章确有成绩，而其人以种种关系，每不易为区域代表或职业代表之当选人者。此非其人不为众人所知，或不为众望所归，或其不足以代表民意，乃由于此种选举顺序，根本不适于此辈人之竞选，此辈人亦自有安身立命之事业足资怡悦，乃亦不乐于参加此竞选。因之国民代表中乃恒不为此辈人留地位。此在并世英、美诸邦已有此现象，而中国之文化传统与民族哲学又不许人以自表襮，自竞争，则此等人选，更将被摈。然今日之中国，其情形与英、美诸强不同。方当网罗全国人才共谋建设，此等人既为社会表率，人群冠冕，彼辈苟不乐于从政，亦当罗致之于国会，以领导一时之舆论。然若一任国民自由竞选，则此辈人永无当选之望。当知普通选举、直接选举，亦未必足以代表民意之真趋向。而尤其在今日之中国，此种名誉选举与学术选举，或可稍稍补救其一二，此亦一种衡平精神之活用。此种选举当特设规定，由法定之机关或团体提名及选定之。

今按民国二十六年四月立法院修正之《国民大会选举法》，有由国民政府指定之代表一项。若依中国传统政见，选举本可由政府或官长任之，如两汉之察举，即由官长体察舆情而推荐，惟在当时，即有流弊，而今日之观感，则犹若一经政府指定，即不得谓之民意者，此由政民一体之理论言之，固未必尽然，然不妨对此条文加以变通。窃谓政府对于此种名誉选举及学术选举之候选人，亦得规定有若干比数之提名，此或为一适当之办法。

五

或者将疑此种办决，皆不合英、美先例，不得为民主正规。则且勿论英、美政制是否足为民主楷模，当知彼我国情不同，猪鱼鸭鸡味虽鲜美，或不适于病者。西方自自由都市兴起，中产阶级发展，始奋起要求参政。先则与王权结合以压倒封建贵族，嗣则分党相竞，互求下援无产大众以自张，逐步推荡，遂有今日普通选举之盛事。政治并非科学，并不能外袭而取，迎头赶上，故在英、美今日尽量求普选，或不失为一种美政；在中国今日而尽量求普选，则转有不胜其弊者。且普选未必即是民意，即在英、美，亦大抵以政党操纵舆情，以私人资本养育政党。苟无私人资本之支撑，则政党将失其营卫；苟无政党之活动，则民众将失其联结。民众散而无纪，筑室道谋，尚无成理，发言盈庭，不成国是，故竞选必以政党为灵魂，而政党不能无经济而存在，苟非由私人资本支持，则必挟政府之公库以自存。此则成为西方今日晚起之一党专政。此皆一种经济背景之潜势力有以操纵之。

今论中国，封建贵族远在战国先秦，已见没落。其时奋起代之者，乃非工商资本势力，而为自由讲学之智识分子，此在当时则为诸子百家，秦、汉以下则谓之士大夫，故中国传统政治，乃成为一种"士人政治"。中国以士人智识代表民意，西方以商人资产代表民意，故西方终于成为资本帝国主义之国家，而中国则有东汉以下之门第与隋、唐以下之科举。盖中国传统政治，正在力求摆脱社会经济势力之操纵，因此亦绝不能有公开之党争，其所求以代表民意者，乃与西方走上一绝不同之路。其间是非得失姑勿论，要之历史沿革显有不同。

今人言民主精神，常曰"分而听之则愚，合而听之则智"，此固是矣。然若斯言果为真理，则历史者，"参万岁而一成纯"，岂非尤为合而听之之大者乎？知舆情之不可忽，而谓历史沿革可以不问，此知二五不知一十也。

今日之中国，并非如英、美然，先有社会私资产阶级，乃起而向政府争自由，争政权。今日乃全国民众希望有一好政府，能襄助人民造产致富。惟其人民无产，人民因贫得愚，故不知向政府争政权，争自由，并亦不能养长一大政党以为之发号施令。政党活动必仗经济，苟非有社会私产扶掖，则惟有盘踞政府，以公帑植私门。此则必成为一党专政。断未有一党主政，而许以国帑资敌党以招自弊者。如是则敌党亦惟有急求握得政权，俾可以公帑济己私，如此则党争决不能上轨道，势必由党争转而为革命。故中国若求上轨道之党争，其先导当为求社会私资本之充盈。故以今日之中国而求效法西方，则非学资本主义之民主，即惟有学一党专政之民主。然欲追随资本主义势已无及，中国经济落后太远，更不能望私人资本之抬头。此非我政府意见所能为力，世界商场之斗争情势，决不许中国人有私人资本。然则中国社会无资本，政党何所藉以自存，何所凭以自下而制上？势亦惟有借之政府，凭在上之力而制下，效法最近西方之一党专政耳。然此又为国人舆情所不乐，亦为传统国情所不宜。然则中国非自适国情，自创一新政制，中国政治之出路终将何在乎？

以上所述，虽距普通选举、直接选举、民主精神之高调若甚远，然距中国之国情则较近，可由此以达于公忠不党、超派超党、无派无党之传统民主精神，故国会之职权与其选举方法，尽可着眼于如何选拔贤才与如何平衡政权，于采用考试制度以限制被选举人之资格以外，仍可多量采用特设机关或特定法人之提名制度与间接选举，以减轻政党活动之依赖。却不必拘拘于必以普选直接选为惟此足为真正民意之代表，亦不必认为惟此足以为敌抗政府之武器。

（一九四五年四月《东方杂志》四十一卷八期原题名《考试与选举》）

三、论元首制度

一

一国之政制，贵能不断改进，尤贵能长治久安，抑且长治久安者，亦即求能不断改进之先决条件。一国之有元首，乃为一国政治组织之中心，乃全国民众拥戴之最高象征，乃为各方向心凝结之萃集点。故一国之元首，必使极其尊崇，而又厝之安稳不摇之地位，此又为要求政局安定之惟一先决条件。即在民主政体，亦不能违此定律而期求政治之安定。

中国传统政制，为近人诟病，莫过于其有一传统之王室。然中国文化所以得绵历四千年之久，又其间一统治安之日较长，分崩动乱之日较短，使人生得以宁息，文化得以长养，王室传统，正亦有莫大之助效。盖王室乃全国崇仰之最高中心，由此维系各方之团结，政治一统，端赖有此。故王统之禅续，即代表政统之禅续。中国史上古代如殷、周，中世如两汉、如唐、如宋、如明，其王室皆禅续二三百年乃至七八百年之久。惟其有此，乃有所谓长治久安，乃有所谓休养生息，乃有所谓发皇畅遂。

今考中国王室传统所以得绵历长久，正亦中国传统政制之平衡妥帖，有以使然。今专就王位自身论，则王统之所以长久，举要言之，厥有两因。

一、王位继承法之确立。

二、王室与政府职守之划分，君权与相权互为调剂之克尽其宜。

此二者，所由使王统久长，亦即所以使政局安定。此于中国文化绵历，实大有益。今虽事过境迁，就加阐述，亦论史者之职，抑亦未尝不足以供今日之借镜。

二

中国传统政制中之王位继承法，远在西周以迄春秋时代，渐已确定，由此而帝王身份，有客观明定之标准。有客观明定之标准则可以息争端，不随临时事变而动摇。盖中国王位继承，主于传子，传子又主于传嫡长子。故亲属而必为子，子而必为嫡，嫡而必为长，皆所以使其标准之客观而明定。于是中国王位，乃为一线相承，此种一线相承，乃出人为。若论亲属血统，则兄弟之与父子，岂非同一血统乎？抑且长子之与次子，男子之与女子，其间又何区别乎？故中国之王位继承，乃超出于家族理论之外而自有其用意。

若论宗族血统，则其人之贵，由其族之贵。其人之所以得为帝王，由其出于某族。凡其出于某族者，纵不能人人为帝王，亦必为公侯显爵，无论长幼男女，苟出此族，皆贵人也。故出此族者，理论上皆可得登王位，其不获登王位者，则不在其血统之贵贱，而在血统以外之条件所限制。此乃为封建时代之思想。然中国传统政制下之王位继承法，则并不根据此理论。其人之得登王位，由其为前王之嫡长子。王者之贵贵于其在政治上之地位，而不贵于其家族。故嫡长子继统为王，次子庶子则与平民庶人伍。王室之受国人尊崇，正以其为王者之室故。室以王贵，王不以室贵。王位继承，乃一"法理"问题，而非血统问题，此为中国政治超出封建思想一重要表记。亦由此得免许多之争论与纠纷。

元、清两代，未能了此，故每遇王统绍续，争衅横生，而几于牵动全盘之政局者，屡屡有之。蒙古政权之倏尔削弱，此亦一主因。即看西史，如罗马帝制，以及中世纪以下奥、法、英、西诸邦，因王位继承之纠纷而引起国内国外之战争与动乱者，亦指不胜屈。故知中国传统政制下之王位继承法，实有其不可抹杀之功绩。

然中国政制，既不根据封建理论，以宗族血统分贵贱，则何不选贤与能，相与公推一圣哲才杰，奉之为一国元首，而犹必守此父子相承之王位，其义又何居乎？曰：此就政治理论言，非不知尚贤选能之可贵；然就政治实际言，中国乃一广土众民之大农国，无论由民众公选，抑由官吏互选，皆多窒碍。求贤不必得，而酿乱则甚易。古人之理想，以为求贤之需，尚不如弭乱息争之急，故舍彼而取此。然亦未尝奉一君而肆其专制，故"君统"之外复有"相统"，"君统"代表一国之团结与持续，"相统"则负实际行政之责任。君位至高极崇，为全国所尊仰，惟求其有客观明定之标准，达于无争而止，然亦不使负行政责任，庶可永崇勿替。宰相则务主得贤，其崇高不如君，而权任有过之。故不幸而相位屡易，尚不至于遽乱。君位之崇高，则不可以屡易，不幸而君不得贤，亦尚不至于遽乱，而宰相之人选则不可以不贤。此中国传统政制用意所在，凡所以为平衡调剂，利求其大，害忍其轻之委曲权衡之大较。

故汉代天子尚书，与尚衣、尚食、尚冠、尚席、尚浴合为六尚，此仅宫廷一侍从，而相府分曹，则曰西曹、东曹、户曹、奏曹、词曹、法曹、尉曹、贼曹、决曹、兵曹、金曹、仓曹、黄阁凡十三部，此即后世尚书六部之前身，盖于全国事无所不统矣。此即当时由宰相负全国行政实际责任之明证。惟其如此，故遇天变，或朝廷有大事处理失当，天子常下诏切责丞相三公，丞相三公或至引咎自杀，而天子之为天子如故也。此非天子之专制与不负责，缘天子既为一国元首，若政事失当，或遇天变，社会人心惊扰，而天子亦引咎退位，此必动摇政本，多生纷扰。政局不安定，决非国家之福，故不得已而由天子一人超然脱出于实际责任之外，此亦利择其大，害忍其小之一术。

此种政制之用心，下至唐宋，保持弗失。故御史仅得弹劾宰相以下，绝不能弹劾国君；国君有过失，仅许谏诤，不许弹劾，此乃国君之尊严。欲保国君之尊严，则不当使负实际行政之责任。国君既不负行政实际责任，故其所下命令，无一不当经宰相之副署。若不得宰相画诺，天子诏敕即不得行下。故曰"不经凤阁鸾台何谓之敕"。若深论之，则诏敕本由中书，仅须天子划诺耳。唐太宗谓中书诏敕或有差失，则门下当行驳正。可证由当时法理言，诏敕本由宰相，不由君主。故唐代大政令，由宰相熟拟，而天子印画降出之。宋之政令则由宰相先具劄子，而后面取天子之进止。宋之相权显不如唐，然要为天子之政令，必得宰相之同意。宰相既握此草制与副署之权，故一切行政实际责任，亦由宰相代负。此在唐宋固然，即明代废相，由尚书六部直接天子，则尚书六部即分负行政之实责。其时内阁，虽等于为国君之秘书机关，然因中国传统政制沿袭已深，故明代内阁之实际地位及其责任，亦与唐宋宰相略相仿，相差不甚远。

细按中国历代政制，惟满清君主，始为彻底之专制，其所以得尔者，盖为满洲王室有其部族武力之拥护。其专制之淫威，虽甚惨毒，而亦尚不至于黑暗之甚，则因中国传统政制，虽此君权相权衡平调节之妙用已为破弃，而此外尚多沿袭，故最高政令虽常出之满洲皇帝一人之专断，而其下犹得弥缝匡救，使不致流为大害。

故论中国传统政制下之王室，其理论与习惯上之地位，亦与近代英国王室，约略相等似。至君权相权若何划分，则并无明白规定，此亦如近人所谓一种不成文法。历史上极多明君贤相，相得而益彰者；亦有雄主庸相，暗主能臣，虽不兼美，而犹得调节弥缝，不至于甚坏者。其例甚多。故君权、相权消长之间，亦至无一定，圆滑推行，颇亦有效。

惟中国传统政制少一国会，宰相虽为政府领袖，而无所依倚以自重，为君者不常贤，或虽贤而不知大体，往往好夺宰相之权，而宰相苦于无所恃以自守。且宰相之任免，不听于政府而听于天子。其任命也，犹为有一定之资历，凭客观之条例，天子未可全行私意，其罢免则不须一定之罪状。故宰相与天子意见冲突，苟天子而慎谏怙非，则宰相无不败。其不败者，则权臣篡臣。且君统常数百年，相位则最久不过二十年左右。此为中国传统政制君权相权未能调节尽利之最大一缺点。要而论之，相权削，君权升，往往召乱；相权重，君权绌，常以致治。此则史册昭垂，可案而知。

三

今若本此历史上粗大之教训，案《五五宪草》中之元首制度，则窃谓有数端可资商榷者。

案《五五宪草》，第四章中央政府，第三十六条总统为国家元首，又第四十六条总统对国民大会负其责任。第三章国民大会，第三十二条国民大会之职权：（一）选举总统及其他。（二）罢免总统及其他。

本之上引四条，则《五五宪草》中之总统，其地位乃约略相当于英国之内阁首相，由国民大会选举之，亦得由国民大会罢免之，彼乃对国民大会负其行政实际之责任。窃谓此制之可资商榷者，在于总统地位之不稳固。因其地位之不稳固，而连带有损于总统地位之尊严。一国元首之地位不尊严，则有损于国家之团结；一国元首之地位不稳固，则有损于政局之安定。此二者，皆非国家之福。英国责任内阁，虽可随时由国会之不信任而引退，然其上尚有王室超然于政潮之外，犹无损于全国最高最崇重之庄严之屹立，与夫全部政局之稳定。美国大总统虽亲揽全国行政实际大权，然既非国会所选出，亦不受国会之罢免，虽不能如英王之超然局外，亦尚与国会抗立不相下，不致受国会中政潮之牵动，如英伦之内阁然。今《五五宪草》中之总统，既由国民大会选举，复可由国民大会罢免，其地位正如英之内阁首相，而又确然为全国之元首，其上更无再尊严再崇高者可以维系全国之人心以资团结与安定，此可商者一。

总统既对国民大会负责，既可由国民大会罢免，则总统而求安于位，惟有事事听命于国民大会。此虽失总统之尊严，犹不失为自全之一术。今案《宪草》第三章第三十条，国民大会任期六年。三十一条，国民大会每三年由总统召集一次，会期一月，必要时得延长一月。是总统仅有隔三年乃得一次听取国民大会意见之机会。总统在此三年内，虽须对国民大会负责，而又无法听取国民大会之意见。不幸而总统之措施，不得国民大会之欢心，国民大会既无由表示，总统亦无由觉察，双方隔膜，郁久而发，三年以后，国民大会召集，不幸而龃龉横生，更不幸而径趋极端，对总统施用其罢免之大权。此既非总统之过，亦非国民大会之过，实因双方隔阂疏阔，总统何由对国民大会真实负责，国民大会亦何由实施其监督与指导之权乎？此可商者二。

抑且国民大会会期一月，必要乃得延长一月，六年之内，最多亦只四月之会期而已。国民代表来自全国各地，于国家政事非所熟习，相互间亦少往还，匆匆集会，坐千余人于一堂之上，何从实用其罢免之大权而无遗憾乎？若使国民大会滥用此无上大权，此断非国家之福，然使国民大会而毕竟无力行使此权，是使总统有对国民大会负责之名，而无对国民大会负责之实。总统既手揽全国行政实权，平日不必听取国民大会之同意，临时又不存国民大会对之行使罢免权之顾虑，是总统之权实无限制，此亦决非国家之福。此可商者三。

然则增多国民大会之召集次数，又延长其开会期，遂可弥此缺陷乎？曰不可。英国内阁，虽由国会推选，虽得因国会之不信任而引退，然内阁亦有解散国会，重行召集新国会以听取国民最后意见之权利。故英国内阁，虽必以获得国会之信任与拥护为原则，然犹不失其行政上之尊严与独立，为其犹有解散国会一武器，以与国会相对立，故由此可免于国会之专制，此亦英国政制一种衡平之精义。今案《五五宪草》，仅有国民大会罢免总统之权，无总统解散国民大会之权，则欲保持总统之尊严与其地位之稳固计，惟有减少国民大会之召集与缩短其开会期之一法，此不啻阳予而阴夺之。非然者，又何以免于总统之胁逼，国会之专横？又非然者，总统尊严不足，地位常摇动，其所影响于国本政局者，又如何避免乎？此可商者四。

四

然而历史无反顾，中国断不能再有一国王，然则新中国之元首制度将奈何？其亦模仿美国之总统制，则如何？曰不可。美国以联邦立国，其重心在各州，故总统与国会可以对抗平立而各不相下。抑且美国得地理之宜，建国于新陆，可以暂时超然于国际斗争之局外。又美国虽系新创，其人民则大部来自英法，自有其文化渊源与政治习惯。今我国幸得为统一国家，若轻效颦美制，改为联邦，自趋分裂，而适当列强角逐之漩涡，殆无幸存之理。抑中国亦自有政俗，自有文化积业，模仿美制，必利不胜害。

然则新中国将来之元首制度将奈何？曰：衡之以国情，揆之以政理，参之以并世列邦之利害得失，莫如尊奉元首，而不使负行政实责，略效英伦王室内阁分立之制。即元首者，乃受全国之尊崇，而不受其质询与斥责。元首者，乃以代表国家，而非肩负政事。故元首必超然于实际行政之外。惟其为全国之最高位置，故亦为全国之最尊严者。国家大政令，必由元首出。而元首又不负政治实责，故元首之政令，必经政府其他有关之各院各部长官之副署。元首不得径自出命，元首不得直接处理政事，此正表示元首之尊严。奏假无言，时靡有争，予怀明德，不大声以色，此为元首之政治地位，亦即元首之政治作用。庖人不治庖，尸祝不越樽俎而代之。尸祝固尊于庖人矣。既尊元首，则不当渎之以实际之事任。元首者，举国之所仰望，政治重心之所寄托，一跻其位，不动不摇，四时行，百物生，彼则正南面恭己而已矣。此为中国传统之元首观。亢龙有悔，大《易》所戒，故元首以不任事为原则。

曰：如此，则宁非尊元首于偶像之崇拜？曰：是不然。或曰：元首不受质询，不负责任，而处最尊严之地位，是否将为帝王之复活？曰：是亦不然。何以元首异于偶像？夫元首不负政治实责，乃所以尊元首之地位，而非削元首之权任。全国最高命令，必自元首出，尤著者，如公布法律，宣战媾和，缔结条约，五院院长之任命与罢免，此皆由元首。全国政事，虽由五院院长分别行使，然五院间之联络与衡平，其权皆在元首。元首既不负政治实责，故得超然事外，旷观玄览，心清神足，以其高年劭德，楷模百僚，导达其窒碍，而消解其结塞，潜移默运，裨补实大。遇政府有大争端，社会有大事变，元首之左右向背，可以决国家之命运，荡荡乎民无能名，乌得谓之偶像？何以元首异于皇帝？皇帝居其位终身，又以传子孙；元首任期六年（此据《宪草》），期满则萧然高蹈，连选得连任，然亦十二年而止。为元首者，既得全国崇重，苟非丧心病狂，何至妄觊为帝王？且元首命令，必经有关各院长官副署，全国政事，各有司存，元首仅居虚位，三十辐共一毂，而元首当其无。元首亦何能妄效帝王乎？所以崇元首而尊极之，此乃激发人民爱国热忱，崇德至意，教忠教敬，奖群奖睦，不得疑妒于此而轻讥斥。所贵于民主政体与平民精神者，贵其为民有民享民治，元首乃民众中尤圣哲尤才杰，而得民众之拥护与信仰者；非谓服务政府，即等公仆，必使人人得而诃问之，弹斥之，乃以为民主政体与平民精神。

<h1 style="text-align:center">五</h1>

若本此而论一国元首之体制，今《宪草》第四章第四十七条，中华民国国民，年满四十岁者，得被选为总统，此一条亦当修正。窃谓当年满五十，又曾任职各院院长三年以上或前后几度任各院院长在五年以上，卓建功绩，品高德尊者，乃得膺总统选。盖总统为一国元首，称其德不称其力，年耆则信孚而望协，又必曾任中央政府要职，阅历已深，乃可不陈力而服人。阶资既崇，体制自严，蔚然郁然，必先之以养望，亦可免于奔竞。又总统既以德望镇群伦，固不当责其自炫自媒，为公开之竞选。当由宪法特定提名机关，每届选举，提候选者若干人，再由全国民众以间接选举法举出。何以总统不由国民大会选举，而改由国民全体之大选乎？缘总统既不对国民大会负责，而总统以下尚有五院，皆须对国民大会负责者，独总统巍然高出于五院院长之上，故不由国民大会举出，而改由全国国民之大选，此亦表示元首体制之尊严。既由国民大选，何不用普选与直接选举，而尚须提名与间接选举？曰：总统虽尊严无上，而不负行政实责，年高德劭，勋名既立，已有客观之标准，为全国舆情所协戴，故总统选举，不在选拔贤能，而在崇重勋德。今日国情，全国直接普选，尚多不便，提名与间接选举，既表郑重，亦省纷扰。如此并可免政党之操纵，而谦德不遑，逊让若不胜者，仍可荣膺元首之选，此始不亏元首之尊严，却与传统国情，群所观感不相违越。

然则元首与五院院长职权之关系当若何？曰：五院院长皆当由总统之任命与罢免，而复各自对国民大会负其责任。元首之与国民大会上下一体，如三角形，国民大会其底边，元首则其顶角也。如圆锥形，国民大会其坐圈，元首则其尖顶。元首代表国家，国民大会代表民众，民众与国家，则义属一体，元首之不预实际政事，亦犹国民大会之不与实际政事，二者皆至尊无上，故元首非叛国或大贪污，则不受弹劾。今《宪草》立法、监察两院，皆由国民大会选举，不由总统任命，窃谓五院义属一体，不必强分彼此。其院长皆可由总统任命，其两院之委员，或由国民大会选举亦得。其院长，或即就所选委员会中任命之，或在委员外任命之，皆无不可。惟此两院院长之人选，宜以不隶党籍者为主，庶可超然于党派之外，渐以养成政治超党之精神。至国民大会之集会，当以每年开会一月为宜，否则告朔之饩羊，何贵有此国民大会。

又《宪草》本有副总统，闻近议复主取消，谓副总统既不任职，可勿虚立。盖《宪草》原意，本以总统负全国行政实责，其事任略如责任内阁，则行政院长已嫌与总统事权相重沓，故颇有主以总统兼行政院长者。《宪草》主张总统缺位，径由行政院长代行职权，不设副总统，亦可免叠床架屋之弊。今主尊总统位望，超于实际国务之上，行政实责由行政院负之，如是则五院平等，各有职守，何独总统缺位，必由行政院长代理；抑且行政院长重在能，总统重在德，行政院职权，关涉全国行政事宜，易受国民大会之质询，总统端拱默化，义不受诘，以行政院长代总统任，非所宜。总统之选既以德望，不负实责，其德望相比肩，名业已高，又愿小休，不乐当政府实职者，可设副总统位为其优游回翔之地，亦得备总统之周咨襄赞，遇总统缺，则副总统代理之，此条似可留。

（一九四五年五月《东方杂志》四十一卷十期原题名《论元首》）

四、地方自治

一

孙中山先生理想中之宪政开始，本以地方自治之完成为条件。地方自治乃民主政治之基础，尚不能自治一地方，而谓能自治一国，古今中外，殆无此理。

西方民主，渊源古希腊，当时乃为市邦政府，以近代目光视之，即一种地方自治。卢梭《民约论》，亦谓民主政治宜于小国寡民，盖民主即变相之地方自治，即地方自治之扩大耳。英、美为近代宪政楷模，然英伦乃一岛国，除却苏格兰、爱尔兰，壤地更狭，故特适于民主政治之生长。又其先盎格鲁萨克逊人侵入英土，彼时即有村镇自治。其后又经诺曼王室之封建，蕞尔小国，复经分裂，然其代表会议制度，即由此种疆土割截，中央政权不集中，地方自治较占势力之环境下，逐渐造成。美国起原乃为十三州之邦联，此亦一种变相之地方自治。故知近代西方民主政治，皆由地方自治演进。

中国自古为一大陆国，秦汉以下，郡县一统，集权中央，此于民主政治之发展特为不利，然中国传统政治，所以犹不失为富有一种民主精神之政治者，历代看重地方自治，亦其一因。今后之新中国，果欲向民主之途迈进，果求为民主政治安奠基础，则首当切实厉行地方自治。否则沙上筑塔，颠覆可立待。

惟中国地大民众，土风习俗，文教材性，南北东西各有不同，经济所宜，山川物产，影响人民生活者，亦随地而殊。欲求推行地方自治，而又无伤于国家之统一，中央之治权，此当上溯传统国情，旁考列国现势，为全国各地之地方自治先定一大规模、大纲领，使国人先有一共同目标，然后各就乡土所宜，向此目标趋赴。中央行政，除努力督促辅助此种地方自治之共同大目标之推进外，其他一切政事，亦必以不背此地方自治之大目标之推进为主。如此一二十年，使全国各地方自治规模粗立，纲领略备，然后真正之宪政乃有可言。

今则皆为草创时期，惟求统一不破坏，政本不摇动，使地方自治得有滋生长养之机，足矣。若忽此不顾，高论民主，轻启争衅，群相注目于中央与上层，忽略地方与下层，徒为竞利夸权者藉口，终走不上民主正道。

欲为新中国理想的地方自治提出一大规模大纲领，则有一事首宜注意者，即是经济武力与文化之融凝一体。中国今日大病，在贫在弱。使贫弱不治，断不足以自立于今日之世界，更何论夫民主？故中国之新政治，首当求富求强。新中国之理想的地方自治，亦必最先以求富求强，自生自保为目的。中国传统文化，则偏于大同太平之理想境界，于富强多所忽。然求富求强亦自有弊，资本主义与帝国主义，虽为近世欧西文化之两大骨干，亦已为现代全世界文化之两大威胁。循此以往，举世皆当转向，否则人类将无宁日，文化亦必窒息以死。中国斟酌传统国情，针对现世潮流，当以近代欧西之富强政策，与本国传统文化理想相配合，相调和，求其经济、武力与文化之融凝一体，而纳此于地方自治之规制中，使之深植基础，再由此上映于整个政治之全体，此始不失为新中国建国之百年大计。

二

中国当春秋战国时代，虽或已有地方自治之雏形，然亦仅为封建时代之地方自治。如《周官》及他书中所述，则大率在封建将破坏时，为一辈学者所想象之"乌托邦"，非尽史实也。然秦汉以下，则地方自治确可指说。其时乡县三老，皆由选举，得与县令、丞尉以事相教，此即一种官民协商与官民合作。乡县三老并得对天子王侯直接言事，其地位不为卑下。又两汉郡县掾属，例以本土士人充之。太守令长辟署掾属，又必尊重其乡土之舆论。又往往郡县实际政事皆由掾属操之，太守令长卧治而已。故曰"汝南太守范孟博，南阳宗资主画诺；南阳太守岑公孝，弘农成瑨但坐啸"。今据汉碑传世可考者，知两汉地方政府，分曹极密，体制极宏，郡县吏属，殆有多至一二千人以上者。其时又庠序棋布，学校林立，学者皆先由乡邑为干佐小吏，积至文学功曹，乃得察举人才秀异，为公府所辟，迁为牧守，入作台司。故两汉人才皆从地方自治出。而地方自治则注重学校教育与乡邑清议，宜乎两汉吏治之美，冠绝后世。而汉代国力之隆，治化之蒸，亦皆本于此矣。惟其地方自治之权重，其敝则有朋党与门第，此亦略如近世西方民主自由政体下产生政党之与资产阶级。

魏晋以下，门第方张，社会有特殊阶级，则自治无可言。而郡县政治亦相因颓替，此虽唐代亦不免。较之两汉，逊色多矣。

乡官废于隋，唐代虽有里正乡耆老之置，特以供役，不足言自治。其州县用人，全出吏部，选举废而考试兴，政治重心在中央，在上层，不在地方与下层，其所为与两汉异，此实中国政治史上古今一大剧变，不可不知。自魏晋以迄隋唐，复有与门第崛兴相随而起者一事，则为宗教势力之旺盛。盖民众既失其自治之能力，则统治寄诸贵族，而教贫救愚仰之宗教，此亦中西史迹演变一相似。

宋代以下，门第势力因考试制度之演进而消失，宗教亦遂失其存在之因素。然中央集权之政治趋势则愈演愈烈，政治重心逐渐集中上趋，而社会下层又无贵族与宗教特殊势力之存在，平民无所仰赖。当斯时，则地方自治之需要乃更迫切。故宋、明学者莫不重视此事，地方自治遂亦重有起色。惟两汉地方自治已成为政治制度之一环，而宋、明之地方自治则仅为一种社会事业。惟其两汉之地方自治为一种政治制度，故上下一气，其收效宏而速。惟其宋、明之地方自治为一种社会活动，故上下不能一气呼应，抑且时有扞格阻碍。然而主持其事者，则更见有民胞物与公而忘私之精神。中国今后之推进地方自治，窃谓当本宋、明学者精神，再上求两汉制度遗意，庶乎两全其美。

宋、明时代之地方自治，举要言之，厥有数端：

一曰"社仓"：此有关于经济方面者。

一曰"保甲"：此有关于武力方面者。

一曰"书院"：此有关于学术文化方面者。

一曰"乡约"：此则地方自治理论之宣扬，盖属于精神方面，心理方面，与前举三者必相辅成事。

前三者乃其分目，后一者为之总纲。乡约者，即当日地方自治团体一种精神之宪法。

三

今试根据两汉、宋、明之地方自治，为将来新中国理想的地方自治粗拟一轮廓。窃谓中国以农立国，不仅过去如是，将来亦复如是。使中国而急速工业化，仍将为一经过工业化之农业国家。盖惟自己农业无可发展，乃不得已而纯趋工业，乃不得已而仰给于国外之原料与出产，帝国主义与资本主义皆由此起，以工商配合而济之以武装之侵略，以殖民地之农业与原料，补本国之不足，此种立国条件，将成过去。惟有以工农相配合，庶可自给自足，国内日趋繁荣，国外可保和平，富强仅求自保，不为侵略。今举世具此天然优越条件者，惟美国、苏联与我而三。我国既自古为一农国，将来立国之新经济方略，断无偏向工业，转不以农业为基本之理。故新中国之民主政治，必以地方自治为始基，而新中国之地方自治，则当以农村繁荣为首图。将来新的自治农村之产生与完成，必具三要端：

一、必有智识分子之领导。

二、必有有组织的自卫武力。

三、必有自足自长之经济机能。

此为自治农村之三条件。故凡一自治农村，必具备下列三机构。

一、村学：此属教育方面。古者有乡校，有里党之塾，宋代有书院书塾，明代有社学。今日则求智识分子回到农村，普及教育，扫除文盲，农村文化水平提高。

二、村团：此属警卫方面。古者有邱甲，有州军，宋代有保甲，明代有团练。今日则求寓国防于农村，以组织民众代替整军经武，文武合一，全国皆兵。

三、村仓：此属经济方面。古者有公钱、有国谷，汉、宋有常平仓，隋、唐有义仓。今日则求社会经济日趋平衡，天下为公，老有终，壮有用，幼有长，各尽所能，各取所需，矜寡孤独废疾者有所养。

凡一自治农村，必先备一农村小学，凡子弟皆入学，受八年以上之国民教育。又自编一农团，凡壮丁皆入队受训练，平时保卫本村之治安，国家有事则充兵役。又自立一农村公积仓，按每户经济实况，比例征税，为地方公积。平时为本地救孤恤贫兴办一切慈善事业，临时为公私保险，有余力可作公共投资，兴发本地方之公益企业。此三者包括教育、警卫与经济三端，为地方自治之三基业。其工厂所在地则编工团，商业小市集则编商团，工商业区域，可改公仓为公库。其学校教育亦得视各本地农、工、商生活需要而大同小异以为适应。

先有地方自治三基业，然后着手组织自治委员会。凡一自治单位之委员人选当如下列：

一、校长及副校长：每一村学校必有校长一人，副者一人，此相当于汉代地方自治中之三老，职教化，为地方自治之教育代表。

二、团长及副团长：每一农团或工团、商团，必设团长一人，副者一人，此相当于汉代地方自治中之游徼，为地方自治之警卫代表。

三、仓长及副仓长：每一公仓或公库，必设仓长或库长一人，副一人。此相当于汉代地方自治中之啬夫，为地方自治之经济代表。

校长、团长、仓长，皆由地方民意公选，其副由校长团长仓长推荐，得公意承许者任之。最小之自治单位，即以校长、团长、仓长三人组成委员会，副者得列席会议，佐助推行，有参议权，无表决权。地方自治事业，皆由此委员会发动主持。委员人选一年为期，连选得连任。其有不称职者，得由村民公会罢免之。其地方区域较大不止一学校者，可另设地方教育委员会，以教育代表三人以上组成之。其农团、工团、商团一地并有者，可设地方警卫委员会，亦以三人以上组成。经济委员会亦同，其地方自治委员会亦得随量扩大人数，由地方公意变通之。

村自治之上为县自治，村自治为地方自治基层之第一级，县自治为地方自治基层之第二级。村自治设委员会，县自治则设县议会，为代表民意机关。县议会由村自治会互选而成，亦得分别设县教育、县警卫、县经济等会议。村自治不设村长，即以委员会互推一人为主席，即村长，其余二人则为副村长。县设县长，由县议会公选，由县长自辟僚属成县政府。县学校与村学校同属地方教育，由县民自主之，其范围以国民教育与职业教育为主，亦得创办人才教育与文化教育，如古之书院自由讲学之类，此当视地方人才与经济能力以及地方公意而决定。县团练与村团练同属地方武力，亦由县民自主，主任地方之警卫，惟同时即为国家武力基层，为全民兵役之第一级服务，国家得随时抽调编制为正式国防军。县仓库与村仓库，亦同属地方经济，亦由县民自主，为全县之公积与保险，并得用之于公共企业之投资，惟以不与国家企业相重复冲突者为主。

地方自治事业止于县，省政府则代表中央，而与地方自治连系，省长由中央任命，惟应设省议会，由县议会选举之。现行省区则须缩小，略如汉郡、唐州，一以求中央统一之加强，一以求中央与地方接触之加亲。

四

今按上述制度之用意，一者在求排除以资本操纵选举之富人政治，一者在求排除因富人政治之反动而激起之农工无产阶级专政，并将区域代表与职业代表融通为一，又无取于个人主义。即以自治单位为选举单位，去私去我，尚公尚群。此种政制，则以农村自治为基点。

欲求农村自治，首当提高农民智识，而更要者在提高农民之生活经济。必使农村经济繁荣，而后可求农村智识之普遍；亦必农村智识普遍，而后农村自治始有希望。欲谋农村繁荣，首在灌输新工业，改良耕作，扩大制造，而尤要在平均地权，使耕者有其田。然后相南北土地所宜，或提倡集体新村之大农制，或提倡农村合作。而方事之始，其最要者，厥为农村自治经费之筹集。窃谓国家当以全部田赋或全部田赋之几成，划作农村自治之经费。先规定一税收比额，其小耕农贫户则豁免之；其中耕农差能自给者薄敛之；其大耕农堪温饱者，依所得累进比率多收之；其地主不劳而获者，重征之；其雇耕苦力则由自治公积借贷匡助之，使得渐达于自力营生之境地。中央定一大体，再由各省政府得省议会之同意，各就地方实际情况，依照中央原则，斟酌变通之。县之于省亦然。法既定，皆由村民自主之。保留其所应得，而呈缴其应纳于政府者。昔自两汉之啬夫，下至明代之粮长，国家田租，皆由民间自收自解，不闻有舞弊与不克尽职者。农民虽朴野，然于稼穑收成，则方方数十里间，孰盈孰绌，人人能详，穷村僻壤，只须一仓长主其事，由校长、团长之协同，公开其账目于村民公会，绝无弊端可弄。即富庶如江、浙、川、湘，农田千里，稻谷盈野，然村村而划之，一村之人管理其一村附近之田租，绝不至于不胜任。其土豪劣绅，违法抗租，得由村会纠举。其田连阡陌者，各村会或相互纠举，或连合纠举，又有政府特派督导自治专员临视其上而为之审理，事无不办。只政府今日下一令，明日之全国农民，已莫不有欣欣重享其地方自治之乐趣，鼓舞人心，作之风声，事莫捷于此者。

行此十年，地主坐收租入者，莫不愿出卖其田亩，别谋生计，而耕者有其田之理想实现矣。又历行累进税制，多田则多税而加重，少田则少税而减轻，不二十年，新井田制之理想亦得实现，地权自均，民生自平，农村自繁荣，自治自完成矣。其工商市集，亦推此例，由中央指定某项税收为地方自治经费，由公库长收管之，将来为适应于新的战争局面，新兴工业皆当散处农村，不得集中成大都市。又历行节制资本，提倡各种合作事业，商人将不占重要地位，新农村代替新都市，大农村代替大都市，故农村自治实为新理想的地方自治之最要细胞。

其次请言教育，亦由国家颁一宽大之政令，各地均得随宜变通。要之，以人人得入学读书识字为原则。其村中暂无教师资格者，得自延聘于邻村或近县。教师居其村两年以上，即可取得其籍贯，加入其村自治会，或膺任其村校长之选。其学校教本或由省颁，或由县定，皆无不可，其课程标准，更不须一律。中央教育部省教育厅只主持大体，实际督导则由县教育会议负其责。大抵小学教育，每县皆可有伸缩；中等教育，各省皆可有伸缩。今国家庶政草创，惟贵视其后者而鞭之，教育尤贵自由，不必如束湿薪。各就本地经济、人才、民意所乐，各自趋赴，此乃地方自治一大节目。两汉之三老，为地方自治之首领，即主教化者。宋、明以下之地方自治，其中心实在书院与乡约。必有士人与自由思想，地方自治乃有灵魂。若专求经济自治，则必有无产阶级专政之流弊。若教育由国家严格统制，则又必有法西斯、纳粹集中训练之流弊。当知西方地方自治单位，亦往往为一教区，惟由政治与宗教争权，乃将教育事权收归政府。中国本无预闻俗事之宗教专制，又传统政制重考试不重教育，以教育理应由民间自由。故新中国之国民教育制度，必以改归地方自治为适宜。

其次再请言社会武力。中国社会之无组织，无武力，亦非自古皆然。汉代全民皆服兵役，郡国每岁九月都试，即大操演也。北周、隋、唐之府兵，宋代之保甲，明代之卫所屯田，其制度细节不能尽同，其寓兵于农，如管子所谓寄军令于内政，则先揆后揆一也。元、清以部族专政，始严禁社会有武力。然清自嘉、道以还，部族统治失其强力，仍不得不借助于地方自卫，以暂弭叛乱。湘淮军之兴起，远师明代戚继光遗制，亦用地方团练精神而微变之耳。可见中国民众，非不能有组织，非不能有武力，惟政府不加倡导，抑且不知利用，又从而摧压之，遂至变形发展，成为江湖之秘密结团，转为社会害。

兹值八年大战，全国各农村创巨痛深，正当因势利导，使武力蓄于平时，一洗靡靡积弱之风。军队虽当为国家所统率，警察公安，大可转移于地方自治。汉代游徼，本掌盗贼，一地方之治安，由一地之警察自负之。又当使民间普遍有轻武器，民众有武力，不仅足以抗外敌，亦且足以助内治，虽有欲胁逼酿乱者，亦将无所施其技。

此种自治基业，其先皆有需于政府之督导，此当由中央定其大纲，而省政府负实际督导之责，分设教育、经济、警卫三督导团，分别督导，又奖率各村各县每年开比赛会互相观摩，如大游艺会、大博览会、大运动会等是也。省督导县，县督导村，若使全国各县各村，皆得尽量自治，自省以上之行政，则务取中央集权，务取权能分职，无事乎多为牵制，多设猜防。当知全国民众均已富足武强，聪明智慧，中央苟不得民情，国民何难为之更置，安取乎支离割裂，预设猜防牵制，以自削政权运用之功效乎？

五

尝窃论之，政治者，自上言之，乃对下之一种教育而非手段；自下言之，乃对上之一种义务而非权利。故言地方自治，此非在上者对下开放政权以谋妥协，亦非在下者对上争取权利以获自由。若仅此之为意，则自治亦终不过为上下争衡之一局耳。故言自治，必举积极具体之目标，约而述之则有三端：

一、造产。

二、兴学。

三、整军。

在上者督导自治，乃为对下之教育；在下者争取自治，乃为对上之义务。而此造产、兴学、整军之三者，当彻上彻下，悬为政治之三大纲；而此三者，尤必为公不为私，专以靖献于大群。国家之与乡里，皆公地也；政府之与自治，皆公事也，绝非个人主义所容荫藉以活动。此种地方自治之新理想，傥获实现，则将来之选举法亦当变更，以一自治单位为一投票单位，更不许以私人权利为投票之张本。而每一单位投票之比数，则以其自治单位中入学子弟数，入团壮丁数，及入仓公积数为比例。服务公益有成绩者，始得预闻公事，此当悬为民主政治一大理论，以痛洗个人主义的民权论之积病，而私人资本与政党活动亦将不复存在。如此之新民主，则必以新的地方自治植其基，即以新的农村自治奠其基。

六

今试再略陈相应于上述新理想的地方自治三基业之中央应有的特设机关。上述地方自治，既以造产、兴学、整军为三大纲，中央亦当分别设立与此相应之最高机关，以求上下一气，彼此呼应。

一、教育文化方面：中央应设国家文化学院，其最大之任务有三：

（一）对本国传统文化提倡作高深之研究，凡历史、哲学、文学、艺术、宗教、法律、政制、礼俗各部门皆属之。

（二）对国内现实状况，不断作精详之调查，各地社会风气，民生利病，一切有关教育文化范围者皆属之。

（三）对世界各国新旧学术政治，不断作系统之考察与介绍，派遣游学及翻译等事均属之。

隶属于此国家文化学院之下者，应有研究院，有编译馆，其他如国史馆、图书博物馆等亦可隶属。

二、警卫国防方面：中央应设最高国防研究院，凡海、陆、空三方面国防设计，兵工制造，战斗学术，训练方法，及全国警卫事务之通盘筹划等，皆属之。

三、经济建设方面：中央应设中央科学院，凡纯粹理论科学以及各科学之有关国家建设方面者，皆分别作专门之研究。又附设中央设计局，网罗各部门专家，为国家各项经济物质建设事业作经常通盘之设计。

上述各机关，一面为全国各地方自治三基业之总神经枢，一面又当与政府及学校双方取得紧密之连系。此三院不负实际行政责任，而对全国政治应有建议与参谋之责。国家大政令应先分别咨询此三院之同意，俟逐渐演进，全国政事，由此三院会议发号施令，以学术关系代替官僚组织，此始为理想的民主政治之极致。

（一九四五年六月《东方杂志》四十一卷十一期）

五、论首都

一

　　一国首都所在之选择，虽非一种政治制度，而实与其一切政治制度有精神上内在甚深密之关系。中央政府如人之头脑，发号施令之所自，其所在地必安稳而又灵通，其于全身，必在极衡平之地位而又能警觉，此就其外在的条件而言者。若论其内在的条件，则居移气，养移体，首都所在地之一切物质环境，其影响于整个政府之精神方面者，盖甚微妙而深挚。北宋都汴京，终成积弱；南宋都临安，遂竟偏安，此不仅自然地理之形势使然，亦于人文精神有莫大隐力。《五五宪草》第一章第七条，中华民国国都定于南京，此特一时权宜，未可遽勒为定案。国人讨论此事者，颇不乏人，不佞于三年前曾草《战后新首都问题》一篇，刊于《思想与时代》杂志，主张战后新首都应迁西安。鄙文一出，时贤对此问题讨论甚趋热烈。有主西安者，有仍主南京者，有主北平或武汉者，其他主张不遑列举。凡所论著，向背互陈，利弊得失，可以并观，亦既朗若列眉矣。而区区之意则尚有不尽于曩文者，请再就所未及，约略而陈之。

窃谓国家首都地位之选择，此乃立国百年大计，必与其整个国策相配合，换言之，即当与国家前进之动向相配合，而不专以目前现势与静态为标准。若论交通条件，则将来之交通建设，正当以新首都为中心，不当以将来之新首都迁就目前之交通现状。若论建设凭藉，则新首都正待建设，更不当迁就现成建设而决定新首都之地位。抑且将来之新首都，为防战争空袭，集中轰炸，亦决不宜以旧式都市为理想。惟其赤地新建，故柏林之规模较之伦敦、巴黎为尤合于现代化之理想，然已非所论于今日。今日之大都市，当求其乡村化，又当求其要塞化，渭河两岸，南抵终南秦岭，北依九嵕岐山，西起凤翔宝鸡，东达华阴朝邑，此皆吾新首都之理想范围。此皆不烦破坏而径可为理想之建设者。昔咸阳残破，汉高定都洛邑，一闻娄敬、张良之献议，即日西迁，遂成西汉二百年辉煌大业。光武以长安毁于赤眉，不再西驾，而东京局促，即远不如前汉之恢宏。宋太祖顾忌漕运，因承五季建都汴梁之陋制，而宋祚终以不振。此皆历史往例可资龟镜者。

　　若据经济情形，则政治首都不必与经济中心重规叠矩，若政府以权力临制全国，则在封建战伐时代，必择险要；在商业资本时代，必择大都会。今以全国民意拥护为政府之基础，则既不需择险而守，亦不必择肥而安。平、津、宁、沪，首都与商业中心接近，易受金钱势力之诱引。如南宋都临安，湖山风物，积靡积衰，终无以作其朝气而励之清心。若求以艰苦卓绝建新国，若求超拔于官僚资本贪污恶浊空气之氛围，则毋宁以政治首都远离商业都市，正可一洗积弊，独树新模也。

　　时贤所以于西安建新都抱迟疑瞻顾之心理者，大率不出于数端：曰"交通条件"，曰"建设凭藉"，曰"经济情况"。窃谓此皆不足虑，所当虑者，乃在此后立国百年大计。此后立国百年大计，有可以一言决者，则必曰"先安内"。安内奈何？必曰先使民遂其生，又贵乎生而得其平。若使民不遂其生，生不得其平，则国不安，国不安则一切无可言。而所谓民得其生，生得其平者，尤贵乎文化教育生活与物质经济生活兼顾并进，而求得相互间之调剂与平衡，否则徒言经济，亦只得其半而失其半，非民生之全部。

试言国内之民生，乃不幸而成半身偏枯不遂之症。文化最闭塞，经济最落后者首为西北，次之为西南，稍愈者为东北，较胜者为东南。此种现象，盖远自唐末藩镇割据，黄河北岸农业，已开始崩坏，北宋、辽、夏三方鼎峙，西北亦随而恶化。宋金分裂，下迄蒙古入主，皆雄踞北土，朘削南疆。独明代三百年，于北方经济文教颇多致力，几几有欣欣复荣之象，而满洲以部族政权，师袭蒙古成规，坐北镇南，如巨人跨我颈项，压我胸腹，使我耳目昏聋而营卫隔塞者盖又二百四十年矣。海通以还，经济文化，其心房动脉乃不在我，沿海半壁，自辽沈、燕齐、江浙、闽粤，差若有活气，离海愈远，入陆愈深，愈到中国之腹里，而病象愈深愈显。西安适处此半枯半荣之交点。请言西安之外围，曰西藏，曰西康，曰青海，曰新疆，曰甘肃，曰宁夏，曰陕西，曰蒙古，曰绥远，曰察哈尔，此已占中国之泰半，而文化经济特成异象。若使今日而言安内，则必面对此十区之现实。必先安此十区，使之有平衡之生活，不仅在经济物质，同样重要者在教育文化。必使此十区者，与西南、东北、东南达于平衡发皇之境地。必使此偏枯不遂之病，脱然而去，而后可以言统一，而后可以言治安。否则内患必由此十区起，而外祸乘之。天下断未有偏枯不遂而可以称为康乐之生命，健全之体格者。

二

今试旷观并世列强，所谓内政问题，其最要者必有两事：

一、其国内有异民族杂处，未能融洽一体。

二、其国内民众生活显分两阶级，不能调和一致。

前者如第一次欧战前之奥匈帝国，后者如第一次欧战前之帝俄，一则终趋分裂，一则终于革命爆发。其他类此二国者，至今尚多，不遑一一数。

今中国则兼犯此二病，而此二病又萃于西北之一隅。若藏、若回、若蒙、若羌，此皆自有语言文字，自有宗教信仰，自有风俗习尚，清代以部族政权仅图羁縻，未尝有深谋远虑，一视同仁，使此诸族与汉族相融冶为一家之蕲向。今既诸族共和，文化教育之陶冶最其先务，而政事抚辑亦不可忽。若论西北贫瘠，则汉族之较此诸族，尤有甚焉。清室仰东南之赋税，已足供其需索，彼于西北一隅，固如秦人视越人之肥瘠，不叛不变，则置之度外。汉族因贫得愚，藏、回、蒙古诸族因野得贫，要之文化教育之与经济物质环境，处处与东南、东北相差甚远，不啻若异国。稍近者为西南，苗、瑶、罗倮诸族错杂，而山疆未辟，瘴疠未清者，亦所在多有。然人文不调洽，其患尤甚于经济不给足。若东北虽满洲所起，其实关外四省尽已汉化，又经济繁荣，较之西南瘠区远胜，遑论于西北！今虽陷于日寇已近二十载，他日重返故国，人心未全死，易于复苏，生活安足，更其余事。又国人乐于趋赴，仅使有贤疆吏镇抚慰帖之，其风丕变，殆不如西北之难于措手足。故曰中国而言安内，必先面对此西北十区之现实。

新首都建于西安，即为中央政府面对此十区现实之一种精神条件。时贤疑建都西安不适现况，必曰西北贫瘠枯槁。不知新首都之建于西安，正求面对此贫瘠枯槁，此正我之所谓觉醒，正我之所谓平衡，正我之所谓灵通，亦正我之所谓安稳也。必新首都建于西安，后而全国上下乃有真觉醒、真平衡、真灵通，乃至真安稳，否则偏枯不遂之症常在，将自麻木而僵厥以仆，殷鉴不远，在欧战前之帝奥与帝俄。国人方高谈海外发展，高谈武装新国防，高谈民族民生，曷不试回首一顾瞻此西北十区泰半之中国！

三

或曰，西北实情，诚如所言，然此乃局部行政事耳，何烦中央政府之莅临？此亦一说。然持此说者，既认西北为一贫瘠枯槁而复杂之特区，则一切行政，无论其为教育、为财政、为刑律、为军队、为党务，亦必以特殊风格适应之；其选官任才，亦必以特殊标准物色之，而又不当人自为政，地自为俗。盖此大西北泰半之中国，必有一共同之作风与齐一之步调，而临莅主持其事者，必有一贤大吏总其成而绾其全，如是则不啻成一西北边区特殊行政机构。苟非然者，西北十区仍将不能就理，仍将不能突飞猛进，与其他各区相调和、相融治，中国仍将为偏枯不遂。使此行政机构而幸能胜任愉快，亦将不幸而使中国政治有截然相异之两作风、两姿态，一为中央政府，一为西北专区。

然而能治西北者可以治中央，而能治中央者则未必能治西北，何也？能处贫瘠枯槁复杂矣，正如厌糟糠者可以饱膏粱，饱膏粱者未必能厌糟糠。然则幸而使此政治两机构者，终得调和融治，凝为一体，仍将不幸而使中央凝于西北，不能使西北凝于中央也。

换辞言之，新中国之不治，其患在西北；新中国之治，其希望亦将在西北。譬如人之有病，其所患终至于死者在其病处，其所希望得以恢复健康重畅生机者，亦在其病处。故药物必对病而施，全身之血液精力亦凑于病而克之，未有置病于不理而其病得以霍然愈者。

然则新中国之中央政府，曷不径自建于西北，艰苦卓绝，即以建设西北者建设新中国。将来新中国之中央，贵其能面对现实，而不贵其好大喜功。将来新中国之首都，贵其能朴实深沉，而不贵其铺张扬厉。凡以南京中山路、北京故宫三海想像将来新首都之气象者，皆不免为拘墟笃时，迷于静态，暗于动势，未能深切了解于新中国建设之精神条件之重要也。建都西安，正为此种精神条件提供一最好之物质环境，而何贫瘠枯槁之足畏！

且西北之贫瘠枯槁，亦人事之未尽，一时之静态则然耳。交通可以改进，水利河渠可以兴修，虽不能如东南江海之区，亦不致大困乏。近人率言西北矿藏不丰，此乃据未甚精密之查勘，宁可遽作定论。即如最近巨量石油矿之发现，正其一例。森林农牧，皆可发展，中央建都西安，正当西北东南两大自然区域之交点，逆挽东南之人力物力而向西北贯输，将来西北既开发，即以西北之林矿农牧回补东南之不足，道家有所谓提精炼气提气炼神之养生法，铅汞相交，龙虎相济，可以成黄金不死之药。为今日医国者，建都西安，正亦犹是。

或谓建都南京，乃中山先生生前主张，此亦未可拘泥以求。考章太炎《检论》卷七，有《相宅》一篇，记太炎与中山先生论建都事，乃颇不为时贤所记忆，兹摘录如次：《相宅》曰：

先武昌倡义九年，章炳麟与孙文遇于日本东京，纵言及建都，归而疏文曰《相宅》；其后十年，清主退，南北讲解，孙公不能持前议，将建金陵，章炳麟……亦释前议，以宛平为大凑，临事之与悬论，道固殊也……存其旧文曰：

……孙文曰……定鼎者相地而宅，发难者乘利而处……定鼎者，南方诚莫武昌若……虽然，经略止乎禹迹之九州则给矣。蒙古新疆者，地大阹而势不相临制，夫雍州，……地连羌胡，足以答篷而制其命，其水泉田畔膏腴，不逮南方，犹过太行左右诸国。农事者制于人，不制于天，且富厚固不专恃仓廪。自终南吴岳，土厚而京陵高，群矿所韬，足以利用；下通武昌，缮治铁道，虽转输者犹便；虽然，经略止乎蒙古新疆则给矣……欲为共主于亚洲，关中者犹不出赤县，不足以驰骤。彼东制朝鲜，西瞽乌拉岭者，必伊犁也。古者有空匈奴县突厥者矣，耽乐于关中，而终不迁都其壤，王灵不远，……夫为中夏者，岂其局于一隅，……伊犁虽荒，斩之胡桐柽柳，驱之貙狸，羁之橐驼，草莱大辟，而处其氓，出名裘骏马以致商贾。铁道南属，转输不困，未及十年，都邑衢巷，斐然成文章矣，故以此三都，谋本部者则武昌，谋藩服则西安，谋大洲则伊犁，视其规摹远近而已。章炳麟曰：非常之原，黎民惧之，而新圣作者逮焉，余识党言，量其步武先后，至伊犁止，自武昌起。

观于太炎所记中山先生当日建都理论，则知今日迁都西安，实符中山先生之遗意。而中山先生辛亥革命以后，所以主张建都南京者，其理由亦可得而推。盖今日以前为革命期，今日以后为建国期。革命之力量，中山先生以为大抵不越骆、粤、湘、蜀，夫革命之谓拨乱世，拨乱世之对象则在北方，其先为满清政府，其后则为北洋军阀。武汉之为都，内可以挟骆、粤、湘、蜀以自重，外可以临制燕庭，此正得中国本部南北两自然区域势力相消长之交点，而求其衡平，故曰"定鼎莫武昌若"。然则何不取于南京，在中山先生之意，"金陵者，金缯玉石稻粱刍豢之用饶"，洪杨尝都之而士气以衰，"虽鼓之而壮士不起"，此一不取也。又"近互市之区，异国之宾旅奸之"，革命将中道而亡，李鸿章借外援于上海，洪秀全受其胁逼，殷鉴不远，此二不取也。又金陵居长江下游，其势张扬，不如武汉阻深，"地大而人庶则心离，其心离则其志贼，其志贼则其言犻悷，其行前却"，为治不易，此三不取也。

　　然临事之与悬论不同，厥后革命军起于武昌，而南京继之，中山先生遂主建金陵而不复取武汉者，厥亦有故。一则革命内力所凭藉于湘、蜀者，未见胜于江、浙；又自武汉通粤海，仅一陆道，自南京通粤海有海陆之便；又居武昌不易得南京之臂助，居南京易获武汉之声援。又上海为财富薮，其时异国宾旅则不仅不为革命之阻挠，抑且隐资以利便。又北氛犹张，兵锋及汉口，则武昌局促不堪居；而兵锋达浦口，金陵尚容坐镇。此皆当日事势所诏。中山先生之舍武汉而取金陵，厥因当在此。

　　若曰近海，中山先生已言，"外鉴诸邻国，柏林无海，江户则曰海堧尔，内海虽咸，亦犹大江"。是中山先生精神贯注实在内陆，不在外洋。观其实业计划，甲项为交通开发，铁路十万英里，碎石路一百万英里，浚开运河，治河导江导淮导西江，皆内陆也。乙项为海港开辟，俾得尽量吸收各国外资，则中山先生《建国方略》重内地建设，不重海外发展。其明白指定之移民区域，则曰东三省、蒙古、新疆、青海、西藏，是中山先生明主内陆西进，不主外洋南殖。

中山先生诞育于滨海之乡，足迹往来香港、檀岛、菲律宾，南洋不啻其第二家乡。其革命运动之策源于南洋侨胞间，厥效亦至大，顾谋国家建设，则主移民东三省、蒙古、新疆、青海、西藏。其言铁路建筑，则首及西北系统。又曰"此种铁路实居支配世界的重要位置"。以此衡量，南京宜不如武昌，曰："北望襄樊，以镇抚河雒，铁道既布，而行理及于长城，其斥候至穷朔者，金陵之绌，武昌之赢也。"夫皮之不存，毛将焉附，内国建设不健全，尚何外洋发展之余地？故知中山先生建都金陵，不为海外发展着想。至于居金陵，金缯刍豢之用饶，此中山先生内心之所惩，然而害小则忍之。而今之时贤主择南京、北平建首都者，正羡其用饶物富，则谋国浅深之效可睹矣。若曰地大人庶则心离志贼，言觭惊而行前却，此亦南京、北平之所短，而正为西安之所长。然知其意者，则尤鲜焉。此中山先生所以有知难之叹。

四

革命时期所以建都南京之理由，既如上述。今当建设时期，则情势与革命时期大不同。革命之谓拨乱世，而建设则为升平世。拨乱世，国内未统一，政府必有所凭藉，又必有其克伐之对象。升平世，则国家已统一；政府得全国民众之拥护，不需特有所凭藉。时贤恐建都西安，地贫民瘠，中央力弱，将无所凭以统制全国者，此以革命情势而谋建国，以拨乱方略而冀升平，马上得之，复欲马上治之，此一失。革命时代其凭藉在江、浙、两粤，在南服江海，其克伐对象在燕、辽，在满洲政府与北洋军阀。今日凭藉则为全国之人力物力，其较富庶者则东南、东北、西南，皆政府所当凭藉。今日努力之对象，则在全国之民生，务求民得其生而生得其平，则其最当注重者独在西北，西安则适缩毂其交点。故建国时期之西安，一犹革命时期之南京与武汉。今日而主建都南京、武汉，斯谓不知变。

然则北平何如？曰北平指挥东北则有余，调度西北则不足，革命时代东北重，建国时代则西北重，此北平不如西安一也。北平地大人庶，又金缯玉石稻粱刍豢之用饶，此皆中山先生内心之所慰，不如西安深阻而贫瘠。今日时贤之所畏，正建国大计精神条件之所需。不佞前所著论，主建都西安而以北平为陪都者，此特为斟酌东北情势而预为之拟议。今者战事未毕，东北演变尚难逆测，则仍定北平为陪都可也。然不以其富庶，亦不以其近海，可资向外发展，此乃百年立国大计精神支点中心所在，不可以不辨。

夫新中国之建设，将为内陆开发乎？抑为海洋飞跃乎？将艰苦卓绝而对现实乎？抑铺张扬厉好大而喜功乎？将效俄帝彼得，特辟新港以争海口，开门与列强相揖让而角逐乎？抑效苏维埃，还归旧都，退藏内陆，闭户作内部之整顿乎？此必有所先后缓急轻重，此诚国家百年大计，所当先决，国策决则精神有所凝注，而新首都之选择将不烦言而定。而中山先生之遗教，则文献具在，远之如太炎所记辛亥九年以前之谈话，近之如民十年所草《实业计划》书，前后二十年间，意见固无大出入。

尚忆去岁美副总统华莱士来中国，自苏联越新疆、甘、宁而抵陪都。其告国人曰："人谓我自中国之后门入，其实我自中国之前门入也。"又曰："中国西北大可开发，正如往昔美国之西部。"华氏之言，乃不期而与中山先生四十余年前之想像相巧合。

　　夫自今日言之，空中交通激进，大陆国地位转重，海洋殖民，几几乎如潮汐之将退，新中国之将来，其前门当转向西北，华氏之言虽奇而不奇。然在四十余年前，则宇宙形势，尚非今日之比，而中山先生沐浴于海洋之新潮，而顾高瞻远瞩，目光所射，转在蒙古、新疆、青海、西藏，而曰"谋藩服则都西安，谋大洲则都伊犁"，何故？曰此实奇而实亦不足奇。

　　时贤目光所视，在目前之静态，在二三十年之近事，于国内然，其于世界亦然。中山先生则洞视及于千百年以上，千百年以下，不仅于国内，抑且于全球，摄其动势，略其静状，汉、唐盛世，中国固非开西北之大门以出与天地相周旋乎？旷观往史，据以衡量今事，余之前作，所论已详，兹故阐述中山先生之意见，为时贤谋国是争新都地位者告焉！

（一九四五年八月《东方杂志》四十一卷十六期）

六、道统与治统

一

中国传统政治，尚有一端义当阐述，即是"政治"与"学术"之紧密相融洽。

中国古代政治之转折点，乃在春秋战国之际，其时自由学者兴起，百家争鸣，并多握得各国政治之实权，由此而贵族政治解体，士人政治代兴。孔子曰："学而优则仕，仕而优则学。"秦汉以下，仕途几为学人所独占，此实中国传统政治一至堪注意之大特点。然本篇所欲论，则不在此。本篇所谓政治学术紧密相融洽者，乃指于政治机构中，有不少专属学术文化事业之部门，不仅为学人占仕途，乃谓于政途干学业。政府中多设专官，不问政事，而主持一切学术文化事业之保存扩大与流传。此等垂在史册，国人认为固然，不复惊怪，然若与并世各国以往史迹相互对比，则必知此非偶然，殊值大书特书，一表彰之。

中国传统政治中之学术机关，历代演变纷杂，大抵学人入仕途，多有不问政事，而仍以专修学业为官职者，此皆仕途清选，非才优学卓，不得充任。自秦、汉迄于清末，虽多变革，条贯可寻，略而陈之，在先盖有"史官"与"博士官"之两途。古者政教不分，学术掌于宗庙，天文、历法、音乐、农事、医药、方技诸端，皆隶焉，总其任者则史官。此为封建时代之学职。《汉书·艺文志》所谓"王官之学"，大率属之。战国以下，百家风起，其势上撼政府，各国皆争养士，有授以大权，责之重任者，亦有养以厚禄，奉以敬礼，而不烦以事，仅备顾问，不治而议论者。而齐之稷下先生为尤著，演变而为秦、汉之博士。此乃代表社会下层平民学者新兴势力，与传统史官遥遥相对，《汉志》所谓"诸子百家言"率属之。故秦、汉政府中学职流别，以史官与博士官为两大类，史官上承官学，而博士官多属家言，然二者同属于太常，此仍古者学术统于宗教之遗意。

史官承旧统，然太史公自谓"文史星历卜祝之间，主上以倡优畜之"，较之春秋卫史华龙滑与礼孔所言，"我太史也，实掌其祭，不先，国不可得"，地位迥殊。盖史官权望之堕落，正足征政治意识之上进，与宗教灵威之衰替。然史公上追《春秋》而为《太史公书》，不仅卓然脱出宗教氛围，抑且褒贬讽谕，文无避忌，保言论之自由，树后世正史以典范。此后历代对于国史，皆知郑重宝护，既妙选人才，又尊其权任，不加侵犯，故国史馆虽属政府一机关，修史虽为政府一要业，然并不因此有损于史官秉笔之独立与尊严，直书不隐，奉为史职。建州入主，欲牢笼明代遗臣，乃以修史相号召，官修二十四史，虽不能尽满人意，要之治乱贤奸，开卷朗然，犹十得其七八。

至秦、汉博士官，尤为显职，虽秩仅比六百石，然得预朝廷大议，备左右顾问。汉武以后，又掌教弟子，并多出使循行，或视水旱灾荒，或行风俗流民，或录冤狱，或宣谕告，名臣硕学，多于此出。然魏、晋而下，博士议政之事渐稀，大率专掌教育，至隋别设国子监，博士始不隶太常，此为学术正式脱离宗教之最后一步。然自唐以下，国子监仅一冷署，博士徒素餐，不闻于国家教育有所建白，此若中国传统政治，于教育颇不尽职，不知此正中国传统政治一优点，亦汉、唐古今政制变异一大界线。

何以言之？古者政教不分，史官属于宗庙，尊严无上，列国之史，皆由周天子分出，诸侯不能自有其史，此古制也。自战国鲁、魏、宋、齐皆立博士，迄于秦、汉，博士位任超越史官，家言驾于官学之上，是为世运之一进。汉武表章六艺，专设五经博士，掌教弟子，皆予出身，其势骎骎，将复由家言转官学。然哀、平以下，即有古学流行社会，与朝廷博士争衡，东京博士弟子盛至三万人。然博士多倚席不讲。其时经学之流传，则古学伸而今学绌，即亦家言盛而官学衰之一征。所谓"家言盛而官学衰"，此即学术自由，统于下不统于上。自孔子迄于郑玄，皆以民间私学风靡一世，树范千古，然政府转加尊礼，不事压制。马、郑所讲，皆今古杂采，不遵循朝廷官学，而朝廷予以宽容，此正犹孔门六艺，非复当时王官旧统，未闻鲁哀、季孙特加钳束。其作《春秋》，孟子谓是"王者之事"，盖以直笔而寓褒贬，昔在董狐之与南史氏，是王官也，今出孔门，则属私家。王官统于上，《春秋》则为家言，统于下。此后历代正史，论其官职，虽仍上统，而其精神则皆家言，皆下统也。

若论教育，孔门七十二弟子，墨徒三百，其他诸子亦皆有徒属，则皆私统，皆统于下而不统于上者。自刘歆、扬雄迄于马融、郑玄，皆私言，皆下统也。古者所谓"政教"不分，乃宗教，非教育。汉武五经博士掌教弟子，则已非宗教，异于古昔，然政教合一终不可久，教育之权终亦下移。教育重家言，不重官学，循下统，不循上统，此正中国传统文化一绝大特点，而政府亦具洪度雅量，不轻肆压制包揽。故唐代博士，几等于告朔之饩羊，宋、明以下，私家书院特甚，政府官学尽虚文耳。独元、清两代，书院多出官立，私学郁而不宣，然此固非中国之正统。故知中国传统政制，虽称政学紧密相融洽，政府于文化事业虽保护宣扬，不遗余力，然于教育大权，则让之社会私家之手。史官以多涉政事，又非私家财力所能胜，故历代皆由政府主持，然仍不失私家自由精神。此观于秦、汉史官、博士官两职，先后承袭演变之迹，而犹可借以推论其精神之底里者也。

二

中国历代政府，又以收藏图籍，为首先注重之一事。

张苍为秦主柱下方书，萧何入咸阳，先收其图书簿籍藏之。此或犹多关于政事者。至史官有金匮石室之藏，则专属文献。其王室藏书尤著者，前汉有天禄阁，后汉有东观，魏、晋以下有崇文观、总明馆、士林馆、文林馆、麟趾殿诸称。及唐遂有三馆，宋又增秘阁而为四。及清代遂有四库七阁，蔚为政府藏书之大观。此等藏书，皆有典司专官。

校雠簿录，始自刘向、歆父子之《七略》，中经任昉之四部，篇目厘然，源流明备。试阅八史《经籍志》，下及清代《四库总目》，中国传统政制，注意文献，网罗散佚，保藏整辑之功，殆举世莫与京，而秘阁藏书，又使学者得恣意渔猎其中。如扬子云校书天禄阁，下逮东京，硕学名儒，皆藉东观为著作之地；如延笃以博士征，拜议郎，与朱穆、边韶著作东观。卢植拜议郎，与谏议大夫马日磾,议郎蔡邕、杨彪、韩说等,并在东观续《汉记》。马融拜校书郎中,诣东观典校秘书,蔡邕召拜郎中,校书东观之类。此皆无政事职守,专典校书著作。

及魏、晋遂以著作郎名官。齐、梁以下,著作为令仆子起家之选。下及宋代,馆阁尤清华,必号称天下英俊,又经考试,始得膺选,一历此职,遂为名流。其实所谓校理、修撰、校勘、检讨,或径称直某馆、直某阁,皆无政事实任,专以学业为职。

刘安世谓祖宗之待馆职,储之英杰之地,以饰其名节,观以古今之书,而开益其聪明,稍优其廪而不责以吏事,所以滋长德气,养成名卿贤相。其用意盖有如是者。

汉武时又别有所谓文学侍从之臣,如东方朔、枚皋、严助、朱买臣、吾邱寿王、司马相如、主父偃、徐乐、严安之徒皆是。宣帝时召刘向、张子侨、华龙、柳褒等待诏金马门,亦其职也。唐制,国君乘舆所在,必有文辞经学之士,下至卜医技术之流,皆直别院,备燕见。其后翰林学士遂掌内命,至号内相,权重礼遇甚至。

及明代专设翰林院,尽移前代秘书著作之职归之,而制诰别属内阁,则翰林仍闲职,其地位极清高,除为讲官史官修书视草等规定职务外,如议礼审乐,定制度律令,备顾问,诤得失,论荐人才,指斥奸佞,以常获从幸,尤见亲密,故于政事多匡救将顺之益。

明代又有庶吉士之制,以新进士未更事,俾先观政,其先学于内阁,后则隶之翰林,此等亦无政事实责。翰林既望荣地密,从容中秘,于古今典章沿革,制度得失,可以恣情探讨,以备一旦之大用。而庶吉士以英俊后起,亦得侍从薰炙,并许建言白事,储才养望，为政府培植候补人才，至有深意。故当时以翰林为"玉堂仙"，以庶吉士为"半路修行"，其为时艳羡如是。

清代亦沿明制，中国近五六百年来政府大僚于政事有所建树者，大率由是中出，虽流弊亦不免，然其崇文尚学之用心，于政府中专设机关，育养贤俊，奖兴学术，终不失为一种优良之制度。

三

今就中国传统政制与学术文化事业相联系相融洽之要义，再扼要言之。一者在有考试制度，专为拔取学人使之从政，故其政府僚吏乃全为学者。此种政制可名为学人政治，或简称"学治"，以示别于贵族政治或富人政治。平民政治者，乃贵族政治之反面；无产阶级专政，乃富人政治之对垒；学人政治则为一种中和性之政治，无贵族，无庶民，亦无贫富之别，惟择其有学与贤者。

然既使从政，古人云，"一行作吏，此事便休"。政府究非学校，官吏亦非学者，政治学术仍不免隔膜与脱节，故中国传统政制复于政府机构中多设专守学业不问政事之衙门，如此则可使政治学术密切相融洽相渗透。抑且社会文化事业之保护与推动，有非政府之力不克尽其圆满之功能者。言中国已往成绩，则历史纪录（国史馆）与图书保存（秘书监）尤为其最著之两事。然此非政治干预学术或支配学术之谓。"学治"之精义，在能以学术指导政治，运用政治，以达学术之所蕲向。为求跻此，故学术必先独立于政治之外，不受政治之干预与支配。学术有自由，而后政治有向导。学术者，乃政治之灵魂而非其工具，惟其如此，乃有当于学治之精义。

故中国传统政制，一面虽注重政学之密切相融洽，而另一面则尤注重于政学之各尽厥职。所谓"作之君，作之师"，君主政，师主教。孔子以前其道统于君，所谓"王官学"；孔子以下，其道统于下，所谓"百家言"。孔子为其转折之枢纽。孔子贤于尧、舜，此则师统尊于王统。汉代设博士，其意虽欲复古者王官掌学之旧统，然六籍皆出孔门，又曰孔子"素王"，为汉制法，则两汉经师论学，仍重下统，道统于师，不统于君，盖自孔子以下，而其局已定矣。故政府当受学术之指导，帝王亦当有师傅。治权上行，教权下行。宰相必用学者，此自西汉已然。天子必当尊师向学，其风自东汉而著，后代遂有经筵日讲之官，而东汉太学生之议政，其兆端亦远有由来矣。及于隋、唐，政府遂专掌考试，不主教育，唐之国子七学，仅成虚设。宋明而下，莫能革也。其有反此道而行者，必为众诽所萃。王荆公身居宰相，而颁《三经新义》，大为时贤所讥薄，盖不在其《新义》之是非，而在以相臣之位而兼揽师道之尊，混治权于教权，使政府操持教育，道统绌于政统，此非其君为尧、舜，其臣为稷、契，则其弊有不可胜言者。张居正当明之晚季，振衰起敝，功不可没，然其弹压书院讲学，尊相抑师，则更甚于荆公，故其遭时人之轻毁，亦视荆公为烈，身后并罹酷祸。师道之失其统，而上统于政府，此自清代部族专制乃始然，明代以前不尔也。故中国传统政治，于学术文化事业，虽尽力宝护而扶翼之，然于教育则一任社会自由，抑且尊师崇道，王统自绌于道统，未尝以政府而专擅教育之大权。

　　然今日国人观点，则颇若主持教育，乃政府之天职，又若教权当统于治权。此等意见，亦有其来历，一则承袭清代三百年以治权侵越教权之积习而视为固然，一则模仿西方制度而不复详辨彼我之异同。

西方自中世以来，宗教政治本属分行，教堂之尊严，虽王侯亦俯首屈膝如庶民，是彼教权亦在下不在上，抑且教权尊于治权，亦与我约略相仿佛。惟彼方宗教既主出世，而复多预俗事，流弊既甚，反动亦烈。自北欧宗教革命，以及现代国家新政权兴起，教权逐步退让，治权逐步进迫，政府遂代教堂操握教育之权，然此所谓教育权者，亦仅止于一部分而已。举要言之，则是国民教育与职业教育。欧洲近世大学兴起，若溯其渊源，则亦一种职业教育。自科学盛兴，近代教育益趋新型，然彼中大学教育，既多保有自由精神，抑且学校教育亦终未全夺宗教之权威。昔唐儒韩愈著《师说》，分师为传道、授业、解惑之三者。若言近代西方学校教育，特偏于授业、解惑，而传道之师则仍在教堂。授业、解惑之教施之青年，传道则不分老幼，人之有生莫不当受。此西方今日依然政教分行，教不专属于政之人人所知者。

中国古代政教合一，自春秋、战国之际而始变，百家继起，自由讲学代握教权，儒墨开宗，皆趋向于此，而儒家独传于后世，故中国儒家非宗教，而实兼宗教之功能。其为教，传道之师，犹崇于授业与解惑。东汉以下，儒学衰，而佛教东流，先则沙门不拜王者，明教权之不能屈抑于治权。其次则君相之尊皆顶礼膜拜于佛寺，此无论南、北朝皆然，至隋、唐亦无不然，时则奉僧人以"国师"之尊。直至宋、明，儒学又与佛教为代兴。王荆公、程伊川皆为经筵讲官，争坐讲不立，此又一沙门不拜王者之意。盖惟如此，乃使人知政府不为举世之至贵，人间犹有尊于从政者，人道之大端，在师统，不在君统。故中国近世虽无宗教，而犹得使政府不踞独尊之位。元、清两代，皆不尊儒，元人不知尊，清人不欲尊，然皆奉事喇嘛，或多立淫祠，其时则道统政统各趋一端，不相关属。

今国人竞言西制，盛唱司法独立，羡法治之不可攀，不知人事固不以不犯法为极则，西方于法堂外尚有教堂，官吏犯法，固当俯首于法官警吏之前，然犯法者亦仅耳。使无宗教尊严，人生一出青年期，毕业大学校，移身社会，即已为一无所受教之人，苟其身踞高位，则诚举世莫能屈，非然者，则富贵两行，经商或益愈于从政，人竞于财货而滋不平，激而为无产阶级专政，亦其宜也。凡今西国所以不尽然者，宗教之为功，盖如庄周所谓无用之用，固未可轻漠视之。中国诚求模效西制，或更求超而出焉，考试、监察、司法诸权，纵曰尽得独立，然使不兼受基督上帝之教，则富贵而外，人生终不复有尊严。学术知识，仅为手段工具，凭藉以跻富贵而永保之则已。无论其为群为私，要之将止于我之所谓"霸"，非所语于"内圣外王"之域。

抑且近代政治，率常操于政党之手，又济之以所谓宣传者，凭政府在上之力，将无微而不至，使政府与商人相狼狈，教育与宣传相配合，政治之力将莫与竞，虽曰言论、出版、集会自由，而三者皆必溯本于教育，若教育无自由，则人之真获自由者几希矣！故真求民主精神之实现，必使人道大统，下行而不上凑，必使教权尊于治权，道统尊于政统，礼治尊于法治，此乃中国儒家陈义，所由为传统文化之主干，亦即中国传统政制精意之所在。

即降一级求之，若西方之政教分行，尚犹不失其有一种衡平之势。今若仅以选举言民权，而教育大政默而听之于政府，则未见其不病者。然则政府将不问学校教育事乎？曰非此之谓。初级国民教育当让之地方自治，上篇已论之，若高中大学，各级学校，虽可由政府筹办，然政府当自居为护法，不当自居为主教，学校尊严，当超然于政治之上，惟各级职业教育，可视政府需要而创革，其他则政府当尽量尊重学校之自由，又当尽量提倡社会私立学校，自由讲学，不依政府意见为意见，不随政府转动而转动，教育之权应在家言，不在官学。

抑更有进者，在西方有宗教，在中国有儒礼，尊师崇道，虽昔之帝王不敢背，遑论于今日。必使从政者于束身奉公，不犯法律之外，于人道犹知有所尊，于己体犹知有所屈。内心外貌，犹有所敬礼，则苟不尊奉耶、佛诸教，其道必返求之于本国之传统而推阐儒礼，使教育精神与传统文化相得而益彰，此在中国传统政制本有此趋向，抑已有其确然可考之成绩，而堪为今后新政制之所当取法。

四

今考《五五宪草》，特定教育一章，其为重视教育之意至显。其第一百三十六条注重全国各区域高等教育之平衡发展。一百三十七条规定教育经费之最低限度，应占中央预算总额百分之十五；其贫瘠省区之教育经费，应由国库补助。第一百三十八条又规定国家对于列举之事业及人民应予以奖励与补助。此皆与中国传统政制注重学术文化事业之精神，甚相符合，极可赞许。

惟第一百三十六条谓全国公私立教育机关，一律受国家之监督，并有推行国家所定教育政策之义务，则实有可议。窃谓此乃隶学统于政统，属教育于政治，既与中国传统文化传统政制相背，乃亦非西方政制所有。教育乃百年树人大计，政策则贵乎因势推移，二者不当并为一谈。且教育乃人生真理之切实践履与切实探究，根本无政策可言。若以政策办教育，未尝不可收目前一日之速效，然终将贻后来无穷之隐祸。近世德国厉行国民教育，一时谓其功效胜于毛奇将军之兵队，然推演之极，今日德国之两度败覆，亦未始非此种以治权决定教权之为害有以使之然也。昔中国春秋战国之际，越王句践与范蠡深谋，十年生聚，十年教训，卒灭强吴，报夙仇，然越祚终亦不长，越王句践之与范蠡，正犹德王威廉之与俾斯麦也。然则以国家目前政策定全国教育方针，其为得失，断可见矣。

又草案第一百三十一条，中华民国之教育宗旨，在发扬民族精神，培养国民道德，训练自治能力，增进生活智能，以造成健全国民。窃谓此种列举，亦有可商。人类教育宗旨，犹有超于造成健全国民之上者。若专以造成健全国民为目的，此亦尊治权于教权，重政统于道统，流弊之浅，将为狭义之国家主义，此必有损于文化教育之大全。若流弊而深，自必随国家政策而定教育方针。然所谓国家政策者，究极底里，则国家不得不以政府为代表，政策不得不以当前之肆应为目标。而教育乃全国人文元气所寄，当树百年不拔之基，岂能追随政府当前政策为转移乎？故本条所列举，若以定为地方国民教育之条目，而使全国各地域得本此宗旨，各自斟酌本地方实际情况以为变通，则犹之可。若以全国职业学校，应视国家需要，随政府政策而创建或改革，亦犹之可。若笼统包举全国各级教育，如今《宪草》所云，则流弊将不可胜言。

窃谓将来中国新宪法，必有两事首当注意，一者当明白规定立法、司法、监察、考试四院之独立性，使其超然于政党之外。一则教育必尽量自由，不随政府政策为措施。若能达此两目的，则政局已可小康，民主精神自得逐步实现，惟此二者，应为全国上下所当力争之要目，其他则相忍相让，要以统一和平无伤国本为主可也。

抑复有一小节当附论者。今国民党人尊推孙中山先生，称为"国父"，此由模效美国，以华盛顿为国父之先例。盖美国十三州之独立，由华盛顿所率领，中华民国政府之创建，由中山先生所倡导，崇之以国父之称，宜若无不当。然此仅以言政统，非所以言道统。近代美国之共和政体，固为华氏所首创，然美国人之人道文化，则远有来历，故美人言教统，仍归耶稣，不属华氏。今中华民国之政府，固为中山先生所手创，然中华民族之人道文化，则亦远有本源，非亦由中山先生手创之，此在中山先生之民族主义讲演中，阐发已至剀切。故言中华民国之政统，必推中山先生为不祧之祖，若言中华民族之道统与教统，则中山先生亦一孝子顺孙，岂得同样奉为不祧之祖乎？今全国大小各级学校，若逢中山先生诞辰与其逝世纪念日及国庆大节，尽崇仰追思之礼，此亦理之宜然，若今每七日有纪念周，每逢学校有典礼，必先对中山先生遗像行礼致敬，是以尊中山先生于政统者而一体尊之于道统。若细籀中山先生民族主义之遗教，此等崇拜，恐亦非中山先生所乐受。此亦今日学统绌于治统之一例，故连带而论及之。

（一九四五年八月《东方杂志》四十一卷十五期原题名《学统与治统》）

七、人治与法治

一

　　时贤率谓中国尚人治，西方尚法治，今主模拟西化，故于人治主义排斥惟恐不尽，于法治规模步趋惟恐不肖。夷考其实，则翻其反而，毋宁谓中国重法治，西方重人治，犹较近是。双方各就其所偏陷，而求补苴矫挽，故中国多言人治，而西方多言法治。此如西方盛倡自由平等，而中国颇少论者，正由此乃西方所缺。若因中国人少言自由平等，即指中国社会无自由不平等，则羁旅常思家乡，蛰居爱谈远游，岂可专据，便谓羁旅富家室之乐，蛰居多湖海之奇乎？

　　中国自古为广土众民之大国，而西方希腊、罗马，本皆城市国家，双方体制不同，故西方早有民治，市人毕集，左袒右袒，向背从违，顷刻而决。中国则悬诸象巍，与众周知者，法也。削竹铸鼎，昭布不毁者，亦法也。柏拉图《理想国》，为西方论政最古伟著，以较东土，乃有《周官》，此亦一理想国，一乌托邦也。若就两书相提并论，孰为重人，孰为重法，不烦辨而定。至今西方谈社会政治改革方案之志士，殆无不汲源于柏氏之书；而中国政治史上之大兴革，大波动，如王莽，如苏绰，如王安石之变法，莫不与《周礼》有关，故就实平情，毋宁谓中国重法治，西方重人治，犹较近是。

谓中国重法治，莫如证以具体之事实，远者不尽征，若自秦汉以来，则史绩厘然，如赋税、如兵役、如法律、如职官、如选举、如考试，何一不有明确精详之规定，何一不恪遵严守至于百年之外而不变。秦、陇之与吴、越，燕、冀之与闽、峤，其间川泉陵谷异变，风气土产异宜，人物材性异秀，俗尚礼乐异教，于此而求定之一统，向心凝结而无解体之虞，则非法治不为功。中国之所以得长治久安于一中央统一政府之下者，亦惟此法治之功。秦、汉以下，可以考诸史；隋、唐以下，又可以征之典籍。言政治如《唐六典》，言刑法如《唐律》，其书皆现在。自唐以下，递演递密，列代会典，其荟萃之所也。

二

言历代政制之敝，则莫不敝于其尚法之过。周尚文，秦、汉诸儒则欲变之以殷之质。尚文即尚法也。故曰"舞文弄法"，又曰"文法吏"，盖法之必流于文，文之必成于法，"文"与"法"之不可分也久矣。朝觐、盟会、礼聘、享飨，皆文也，即皆法也。在当时则谓之"礼"，礼兼政俗，非法而何？故自春秋递变而至秦，特自封建之法，变为郡县之法耳，其为法则一。汉治尚质，若为大变乎春秋以往之文，然仍无以自脱于法治。贾谊曰："刀笔筐箧，不知大体。"又曰："簿书不报期会之间。"就其名而论之，则皆文。就其实而论之，则皆法。宣帝之告太子曰："汉家自有制度，本以霸王道杂之，奈何纯任德教，用周政乎？"是汉人之变文尚质，不过为循名责实，其不能不以法为治，则一也。

光武中兴，尚法益甚，及其末季，崔寔、荀悦之徒，皆主以法治。曹操、诸葛亮承其流风，稍致政绩，莫非尚法。五胡以还，南北分裂，中国复见统一中兴之盛运，则本于苏绰之变法，田赋、兵役、职官最其大端，历隋迄唐，有沿有革，要之自苏氏。中国传统政制，隋前本于秦汉，越后则一遵隋唐。大抵有法守法则治，违法无法则乱。盖法治之偏胜于人治，此乃中国历史环境使然，虽有圣智，亦莫能违矣。

中国尚法之弊，有当时不自知，及其积重难返，乃求痛洗涤，摆脱净尽以为快者。汉高入关曰"吾与父老约，法三章耳"，遂以宽大得天下，此一例。厥后一代之兴，虽不能如汉高，其常为荡涤宽大则一。亦有中国困于积习不自知，而塞外异族，初通中国，染习未深，相较之余，乃有以深见其害者。如《朱子语类》因说今官府文移之烦，曰：

> 国初时事甚简径，无许多虚文，尝见太祖时枢密院一卷公案，行遣得简径。毕竟英雄底人做事自别，甚样索性。闻番中确如此，文移极少。（一二七）

又曰：

> 金人初起时，初未立将，临发兵，召集庭下问之，有能言其策之善者，即授以将，使往。及成功而归，又集庭下，问众人而赏之金几多。众人言未得，又加之。赏罚如此分明，安得不成事。（一三三）

此又一例。朱子谓"英雄索性"，此即主重人不重法。又曰"金几多，众人言未得"，此谓金国人不多，故得人尽其言，其俗简质，不如中国使人不得自竭尽，而多束缚于虚文烦法之下。而明之既亡，黄宗羲著《明夷待访录》，言此尤剀切。其言曰：

> 论者谓有治人无治法，吾以谓有法治而后有治人。自非法之法，桎梏天下人之手足，即有能治之人，终不胜其牵挽嫌疑之顾盼，有所设施，亦就其分之所得，安于苟简，而不能有度外之功名，使先王之法而在，莫不有法外之意存乎其间，其人是也，则可以无不行之意；其人非也，亦不至深刻罗网，反害天下。故曰有法治而后有治人。(《原法》)

黄氏之言，正为中国传统政制之法弊言之，故曰：

> 法愈疏而乱愈不作，法愈密而天下之乱即生于法之中。坏之者固足以害天下，其创之者亦未始非害天下，乃必欲周旋于此胶彼漆之中，以博宪章之美名，此俗儒之剿说，虽小小更革，生民之戚戚，终无已时。

是黄氏之意，固亦求痛洗涤，尽摆脱之以为快矣。其谓三代以上有法，三代以下无法，则中国儒生之积习，一寄其理想于三代。三代以下者，中国之史实；三代以上者，学者之理想。中国传统乃为一尚法之国，此自历史环境所限，何待三代以下而始然哉。

三

或曰：中国儒家理论，尚德不尚法，今子乃谓中国传统政制，为一尚法之治，又何也？曰：中国自古乃无纯儒之治。两汉儒生，皆如公孙弘以文学缘饰吏事而已，不足当纯儒。苟为纯儒，又患无济于吏事。王充《论衡》、《程材》、《谢短》诸篇，论此甚悉。其言曰：

> 儒生世俗共短，见将不好用也。事多己不能理，须文吏以领之。文吏理烦，身役于职，职判功立，将尊其能。儒生栗栗，不能当剧。将有烦疑，不能效力，力无益于时，则官不及其身。（《程材》）

王粲《儒吏论》亦言之，曰：

> 执法之吏，不窥先王之典，搢绅之儒，不通律令之要。彼刀笔之吏，起于几案之下，长于官曹之间，无温裕文雅以自润，虽欲无察刻不能得，竹帛之儒，起于讲堂之上，游于乡校之中，无严猛断割以自裁，虽欲不迂缓不能得。（见《艺文类聚》五十二，《御览》六百十三）

尝试论之，中国自秦以下之政治，本为儒、吏分行之政治，亦即法、教分行之政治。儒生之所长，在教化不在法制，在端拱而议，不在理烦胜剧。然汉高而上，宰相每起于州部，问文吏亦必于儒者（上句出《韩非》，下语见《前汉·何武传》）。儒吏虽分而不分，故可收互济之美，治绩之劭由此。宋明而下，儒生高踞上位，文吏沉沦下僚，然政事实任在下不在上，儒吏之分日显，而政治之病象亦日甚。

尝试论之，中国政治之不能不趋于尚法，此乃历史环境所限，无可强避，而尚法之弊不至甚害者，则幸有儒学与之相调剂。大抵偏至、分裂与用违其宜则败，如秦败于偏至，东汉晚明败于分裂，新朝变法与王安石之新政则败于用违其宜。巨君、介甫皆儒生，出入讽议则有余，操刀亲割则不足。故真有得于中国传统政制之精意者，必崇奖儒术，使之出入讽议，端委揖攘于百僚之间，此乃政治理想之所寄。高山仰止，景行行止，虽不能至，心向往之。

凡使中国传统政治之不陷于偏霸功利，而有长治久安之局者，厥惟儒家之功。而果为大儒，亦必张其毂率，难进易退，宁使孳孳为不可及，不肯枉道屈己，已试不验，而失儒学传统之尊严。故"德化"之政，特高悬以为崇法治者一种精神上之消毒防腐剂而已。若在儒家积极之贡献，则固在下不在上，在学校不在政府。

或者又曰：中国传统政制既重法治，何以法家思想又不为国人所尊？曰：中国传统政制之所重于法治者，此乃中国历史环境所限，现实所需，并非渊源于法家。法家者，其先本出于儒，法之与儒，同为一种政治理想，同为对于现实政治有起衰救敝之功效，惟法家持论稍褊狭，不如儒家之圆宏。法治之敝，必为文胜，等因奉此，章规则例，纸片文书，涂饰虚华，此亦中国传统政制重法不重人，尚文不尚实之流弊所极。法家则主为循名责实，此亦一种由文返质。又尚法治必陷于守旧，法典易趋凝固僵化，每不能与时代相协调，法家则主变旧而趋新。若管仲之于齐，吴起之于楚，商鞅之于秦，非无法而创法，乃因法而变法。而尚法治之国则必惮于变，故曰"利不百，不变法"，故儒家之于传统制度常见为迂阔，而法家则见为刻急，盖二者皆讥，中国传统政制虽偏尚于法治，固非尽本之于法家。

或曰：儒、法两家，其与中国传统政制之关系，既得闻命矣，敢问道家。曰：道家思想之对中国传统政制，有其补偏救弊之功用，犹之儒法两家也。道家主清净无为，盖对尚法之治而主彻底之解放。故秦人尚法，则继之以西汉初年之黄老无为；曹魏尚法，则继之以西晋以下之清谈放纵。中国传统政制既为一尚法之治，乃不断有道家思想蹑其阴影。若以儒家为迂阔，法家为刻急，则道家又流于虚无，为文吏者，皆不能纯取以为治。

尝试论之，政治者，乃人群最现实之活动，而儒、道、法三家，则皆为一种理想，皆不能完全适合于现实，故中国不仅无纯儒之政，乃亦无纯道、纯法之政。中国传统政制之为法治，此乃适于现实，而有不尽合于儒、道、法三家之理想者。然使中国现实政治不致困陷于现实而不能自拔，则亦惟此儒、道、法三家之功。儒家积极，导于先路；道家消极，清其后尘；法家则周于近卫，护翼前进。今若以"五权宪法"分配言之，诚使教育部、考试院付之儒家，司法、监察寄之法家，立法由乎道家，国民大会调和融会，冶之一炉，而行政院则托之于文吏之手，则庶乎斟酌尽善，可以无大弊矣。

四

或者闻我言而大笑曰：异哉！子之论法治，乃异于时贤之所谓法治者。时贤所谓法治，乃主模效近代西方之宪政，子乃混淆名实，高谈传统，纵论儒、道、法三家，其实皆非今之所谓法治也。曰：诚如君讥。然谓中国传统政制之有法治，不如近代西方宪政国家法治之精美，则馒头不如面包，丝绸不如毛呢，作揖不如握手，女士不如密斯，此既成为一时之国是，麻冕今纯，从众可也。若谓中国传统政制乃非法治，则无异谓馒头非食品，丝绸非衣料，作揖非礼貌，女士非称谓，混淆名实，恐在彼不在此。

今试论中国传统法治之所为，乃异于近代西方宪政国家之法治者，则无亦曰西方之法治尚疏，而中国之法治则已密；西方之法治尚质，而中国之法治则已文；西方之法治，尚许人有度外之功名，而中国之法治，则已桎梏人之手足。明白言之，西方之法治，尚多留人治之余地；而中国之法治，则已损及人治之范围。其所为不同者，大略论之，盖如是。

时贤论东西文化，率主西方为动的，而东方为静的。窃谓此意可以移言政制。盖西方政制偏易于动进，而中国政制则偏宜于静定。惟其求能动进，故尚人治；惟其求能静定，故尚法治。人者动物，法则静物也。听于人则易变易进，听于法则否，此亦双方历史环境所限。西方起于城市之邦，易于听取市民之意见，一也。西方诸国分立，又率以商业立国，故其政治，对外尚重于对内，形势变动，则贵能因应，此非保守法典，所能胜任愉快。中国既为广土众民，听于人则难，听于法则易；听于人则乱，听于法则治，故常抑人而尊法。又为大陆农国，居天下之广居，有唯我独尊之象，遂使其国家之政治，对内总重于对外，因此尊传统，少变动，而法典传袭，往往传世历久至数百年，虽有智者，不敢轻言变易。重于法则轻于人，故中国之偏尚法治，西方之偏尚人治，此亦现实所驱，大势所趋，有不知其然而然者。

今若以此而论中山先生之五权宪法，则实亦一种法治偏胜于人治之制度。若以五权宪法较之并世英、美、法、苏诸国之政制，则五权宪法之偏尚法治，而人治之分量绌于西方者，跃然指而睹矣。此非中山先生之有意于如此，此正我所谓传统文化潜力，国情现实，有以阴驱而潜持之，使有不知其然而然者在矣。

何以言中山先生之五权宪法为法治偏胜于人治？曰：近世西方宪政国家之权重，则寄于国会，国会多数今日之所是则是之，国会多数明日之所非则非之。此英、美、法皆然。苏维埃一党中多数今日之所是则是之，一党中多数明日之所非则非之，是亦犹之有国会矣。惟此之谓大经大法，然此实人治重于法治。何者？盖西方宪政精意，在其听于人不听于法。人情变而法亦随之。其法疏，则其人情易以舒，而其法易以变，此其所以为动进之道。

今五权宪法国民代表资格之获得，必先经国家之考试，此则被选举人之变动性必较少。国民大会以外，又有监察院、立法院分其权任，则国民大会之所是非，其变动影响于国是者，亦随而减矣。五权宪法之下虽可有政党，然既有考试、监察、立法、司法诸权超乎政党之外，则政党多数之所是未必是，政党多数之所非亦未必非矣。此种政制，其长在于静定；其短在于动进，其偏倚在于听之法者其常，而听之人者其变。其较之西方之宪制，则西方疏而中国密，西方质而中国文，仍无以大相违于双方传统之相异也。

五

然则中山先生之五权宪法，其利弊得失又如何？曰，我固已言之，世固无有利无弊之法，故徒听之于法，则未有不弊。然徒听之于人者，是亦一法，是亦不能无弊。善为政者，贵能因其偏而矫之。西方长于动进，其人气坦以舒，制法而不为法所制，喜自由，尚独立，其弊在奖争而肇裂，故常相戒以守法。中国适于静定，其人气摄于法制，爱和平，大一统，然人之受制既久，则阴狡诈伪，惟求一脱于羁绁以为快。故西方之恶偏于阳刚，而中国之恶则偏于阴柔，凡今政治上之病象，十九皆阴柔之恶。阴柔之恶由于法治之过密，天下尽为法所桎梏，度外之功名，久矣不见于中土，故论政者必常主于法外之意，以为调节。今国人方竞尚西化，而好言法治，尚求尊法抑人，此之谓昧于名实，更复以法治救中国，是以水救水，以火救火，其溺益深，其焚益烈矣。法治乎？法治乎？我不知中国多少罪恶，将借子名以滋。

或曰：若子言，则中山先生之五权宪法复为非乎！曰：否！否！不然，非若此之谓也。中国政治之不能不偏于法治，此乃国情现实，此乃文化传统，有不知其然而然者，中山先生五权宪法之斟酌古今中外而得其宜者正在此。今日之急务，在乎心知其意，用我之长，避我之短，此固非菲薄国情，高谈西化者之所与知。盖五权宪法其长已在法治，补偏救弊，则贵疏不贵密，重质不重文。而今日国人之言法治，若惟恐法之不密，文之不备；法密矣，文备矣，桎梏人者既极，人之心智终不为法缚，终不为文溺，必旁邪轶出，桀骜以自喜。《庄子》有言：

伯乐之治马，烧之剔之，刻之雒之，连之以羁馽，编之以皁栈，马之死者十二三矣。饥之渴之，驰之骤之，整之齐之，前有橛饰之患，而后有鞭策之威，而马之死

者已过半矣。夫加之以衡扼，齐之以月题，而马知介倪，闉扼鸷曼，诡衔窃辔，是伯乐之罪也。（《马蹄》）

民初国民党人高谈制宪，其自居皆伯乐也，其时则以袁世凯为马。今日国人力争宪政，又皆自居为伯乐，其心中亦各各有一马，曷不诵庄生之文而知所谦退乎？

然则如何而可！曰：中山先生五权宪法之精义，既由传统文化而得，其长处既在适合国情，故欲运用五权宪法，有以防弊救偏，而又能发挥而光大之。此非于传统文化之得失，国情现实之长短，深知而灼见之，而徒皮傅遗教，掎摭西制，此必断断乎不克胜任矣。试尝论之，欲求民气发舒，助长其阳刚之美，消散其阴柔之恶，而又不陷于启争端召分裂，则莫如宏奖儒术，尊崇师道，教育独立，讲学自由，又于考试院与国民大会多方罗致耆贤硕德，而尤要者在于伸道统于政统之上。欲求法治之不为桎梏，人得自竭其才性，而度外之功名庶以傥见，则莫如师道家，守之以清净无为，运之以宽简不苛，法贵疏不贵密，国有利器，不以示人，立法忌有对象，而无余地，元首贵渊默，庶政贵质朴，此皆非徒法所能冀，而立法者必将心知其意，庶有以神化而默运之也。欲求法制之不流为具文，则莫如用法家，循名责实，信赏必罚，而以司法、监察两院，握其枢纽，如是则虽不能邃脱于法治之成局，要亦不深陷于法治之窨阱耳。

六

或曰：子之辨则尽闻之矣，抑今日国人之所争，固不在人治之与法治。盖所谓法治者，有一要义焉，即全国人民皆当于法律之下平等，皆当受法律同样之待遇，无贵贱，无上下，此固近世西方法治国家之特色，而为我传统文化之所缺。抑且若于今日之国情，有其扞格而难通者，不知子将何说以处此？曰：善哉问，抑鄙陋之见，则仍谓此与人治法治之辨有关。孟子曰"徒法不能以自行"，夫法者死物也，人创之而人守之，故若惟法之为尊，则必有司法者转得逃于法之外矣。今若尊人胜于尊法，人之所是则是之，人之所非则非之，国人皆曰可赏则赏之，国人皆曰可杀则杀之，而不问固有其法否，则司法者自亦无所逃于法之外。非无所逃于法之外，乃无所逃于人情之外也。彼英、法之君主，皆有登断头台而受国民审判斩决者，试问彼二国者，本先有此等法否耶？本先无此法，特以国人皆曰可杀则杀之，而卒亦不闻有非之者，是从人而不从法，因人以创法，不因法以抑人，我则谓此曰"人治之偏胜于法治"。盖西土本尚人，生杀予夺一惟之，或操在上，激而生变，则转操在下。

今国人所致羡于彼邦之所谓法治精神者，在彼固非一朝一夕之所致。彼常使夫人情伸于法律之上，故转使人人奉法守法而不敢犯，非畏法也，乃畏人也。若人之不可畏，则法之不足畏，久矣夫！尽人而知矣。然此可以行之于当日之英、法，乃不幸而不可行于我往古之汉、唐与宋、明。何以故？汉、唐、宋、明大国广土，民众公意难以一致，若使长安、开封、燕京之民众，亦效当日英、法人之所为，奋起而尸其帝王于朝宁，旬月之间，全国可以大乱。英、法小国寡民，其乱易定亦易起，中国广土众民，其乱难平亦难起。国之人惩于大乱之难平，乃不得不忍小忿，而乱亦难起矣。怀挟白刃于官廷朝宁之间者，则国人群斥之曰大逆不道。此不徒帝王为其私而斥之，国之人相与而斥之。故帝王虽失德，民情终抑而勿扬，抑之至于不可抑，乃始爆发而终于成大乱，此诚中国历史环境之所限，乃常使抑人情以伸法律。

夫法律可以治常，不可以治变，司法者何所不可至以自便其私乎？古之训有之曰"大畏民志"，乃不曰大畏民情。夫民志虽可畏，然非中上之姿则不知也。民藏其志而不敢肆其情，此自大邦众民之所不得已，非曰生于此华夏之土者，乃皆奴隶其性，犬羊其德，并自由平等而不之知，必有待于西化之东播，而后乃始闻夫法治之精义也。

中土之圣哲，亦有懔于此之为弊者，故乃倡为"礼治"之说，曰"法以治小人，礼以治君子"，"法以制已然，礼以防未然"。夫使居君子之位而不幸蹈已然之罪，乃有不获伸于法者，此亦自有其形格势禁。孟子曰："闻诛一夫纣矣，未闻弑君也。"乃后世弑君尚易，诛一夫转难，明夫此，乃可以谈国史之演变，乃可以与论夫传统文化得失是非之所在，乃可以针对现实国情而谋所以补偏而救弊。

善谋国者，正当常伸人情于法度之外，正当宽其宪章，简其政令，常使人情大有所游，而勿为之桎梏，而岂恂恂焉效管、商、申、韩之陈说，以必行我法为快意乎？夫通燕者，或南其辕，或北其辙，亦曰视我之所在地以求达夫我所欲至。今使辽人而效吴客，必以北辙为至燕之途，斯有愈行愈远而已，宁复有至理哉？国人模效西化而言法治，得毋类此。故曰此仍是一"人治""法治"偏轻偏重之辨也。

（一九四五年九月《东方杂志》四十一卷十七期）

八、变更省区制度私议

一

行省制度，在中国并无深远历史。其创兴在元代，而明清因袭之。此项制度之用意，并不在便于地方政治之推进，而特在利于中央势力之统辖。

元人所谓"行中书省"，乃是一个活动的中书省，即最高中枢机关之分化。其意惟恐一个中枢机关，不足控驭此广土众民，乃为此变相的封建，形成一种分区宰御制，专为蒙古人狭义的部族政权而创设。明太祖初起，承袭未改。但不久即取消行中书省，而代以"布政使"为各省行政长官，此不失为一种比较合理的改革。惜未将元人行省分区详细改正，而以后又络续于布政使上增设"巡抚""总督"，依然与元人之行中书省相去无几。

清代同为一种狭义的部族政权，他们更有意利用行省制。各行省督抚，大体多属满人，（此与蒙古一例。）用汉人乃其不得已。乾隆全盛时，全国督抚，几乎尽属满人，汉人则寥寥可数。洪杨起事，满洲疆吏无不偾事，乃不得不起用汉人。然到晚清末叶，全国督抚，又依然是满人为多。就督抚之名义论，已显然为一种军事统治，而同时督抚又兼中央"都御史"的官衔。可见行省制用意在中央监临地方，并不为地方本身着想。

二

进一步言之。行省制度，虽说是一种中央监临地方的制度，却只是一种变相的封建，只是分区宰御，非中央集权。若各地方政治，能在统一的中央政府下顺利推进，各地均得欣欣向荣，地方政权绝不致忽然反抗中央。因此汉唐盛时，亦并无定要集权中央之用心。汉之"州牧"，起于东汉之末叶。唐之"藩镇"，由于黩武开边而起。宋代惩于唐中叶以下之藩镇割据，始刻意谋为中央集权。然宋代之中央集权，亦并不与此后行省制相似。"行省制"既不利于地方自治，又不利于中央集权，乃是横梗在中央与地方之间，易于引起尾大不掉的一制度。清末督抚，乃至民十七以前之各省督军，事例昭然，不烦详论。

更进一步言之。行省制虽说其用意在"分区宰御"，而亦并不利于宰御。总督巡抚，在名义上，显属军事统治之性质，而每一行省，实际上则并不能自成一军事单位，为中央对外御寇，对内弭乱。元人分省建置，似有意全变唐宋分"道"之旧。每一行省，在地形上，均不能自保自全。各省州县错隶，险要全失。往往一府一县可以震动全省，而一省可以震动全国。因此明代"经略"，或至七镇，"总督"总理或至八省七省五省。显见省区并不即成一军区。清代有大兵役，必特简经略大臣参赞大臣，督抚不过承号令，备策应。川、楚、陕教匪以及洪杨之变，反而在省区制的弱点下得势。曾、左、胡、李削平洪杨，因于其有权节制数省，又能自相协调，故得成事。就最近事例言。如稍前之清共，与当前之抗日，亦均不能以一行省为一军区，仗之对外御寇，对内弭乱。因此行省制在平时足以阻碍地方政治之推进，在变时亦不足以保障地方独立之安全。

至论经济、物产、民情、风俗各面，现前行省分区，亦并不能真有一客观界划与之相应。

民国以来的行省长官，尤其如最近的"省委员制"，其性质显又与元、明、清三代的行省长官不同。殆已变为地方行政长官之领袖，而非中央机关之派出所。省行政长官之性质，不是中央委来监察或驾驭地方，而为一地方行政之最高机关。此乃时代政治意识之进步。但在此转变下，亦有流弊。因省分区过于庞大，对中央言，双方行政权限往往不易划分明晰。举最浅显例言之，如一省可以在其境内自造一条铁路，或自设一个大学。

民初曾有主联省自治，以及各省议会自制省宪等活动，正因省区划分过大，因此时有使其从中央看来好像易于侵犯中央的职权之嫌疑。同时对地方言，亦因省区过于庞大，一个省政府，统辖几十个县政府，省县规模，大小悬殊，因此使省政府高高在上，不易实做地方上亲民的长官，而另有使他在地方上看俨如一个小中央的嫌疑。省机关处在此两种嫌疑之下，纵有好长官，亦不易有好成绩。正因行省分区，本不为推行地方政务而设，现在借以推行地方政务，自有许多窒碍。

三

中国目前的建国工作，其前程有两个必须达到的任务。第一是"完成中央统一"，又一是"完成地方自治"。此两工作，应同时并进，同时完成。而亦可以同时并进，同时完成者。其主要机桎，则在必先修改现在的行省分区制。

大体言之，当将现行省区，分划缩小，略如汉之郡，唐之州，或如清代乃至民初之道区制。把现在每一行省划分为四五省六七省不等，一省大率统县最少不少过六七县（此就边区新设省分而言），最多亦不能超过二十县。全国共达百数十省乃至二百省。名称则仍为"省"，而不称为郡、州、道，因省名已为一般社会所习用。二则此项制度之改革，乃在提高地方行政机能，使其切实活泼加强，而非减抑地方政权。新的行省长官，其地位待遇，亦应与旧行省长官一律。此种新省机关，应采用"长官制"，不采用委员制。如是则一个新的行省长官在其所辖境内，庶可独立展布，亦使独立负责。附属于省机关之教育、财政、建设、公安各项，则设局不设厅，而总成于省长。

现行的省委员制，一省每每有七八委员。若使此七八委员，各自独立担当一方面，以同样的人选，而无现在臃肿牵缀推卸躲闪之弊，当更能尽其效。

在新省区下的县长官，其地位待遇亦当同样提高。在省县的联系上，一省所辖最多不过二十县，省县规模地位不致悬绝。情谊易通，意气易洽。县长官的地位，在精神上亦同样如在物质上牵连而提高。一县长官，亦使独立负责，独立展布。附属于县机关的教育、财政、建设、公安各项，则设科不设局。

同时在县省长官独立负责独立展布之旁面，赓续推行县议会与省议会。县议员选举法此暂不论。每县议员在二十人左右，由各县推选至少一人至多两人为省议员，则省议员至多不超过四十人。而省议会的职权，因省区缩小，易于与中央划分，不致冲突。而省县长官之旁有省县议会之监督，亦使能者易于见功，不肖者难于逃罪。而地方自治之实，渐可期望。若真求切实活泼加强推行地方政务，则缩小省区之后，将依然觉得省单位之大。

就中央论之，省区缩小，牵涉到几省以上的事务，自然划归中央，而中央各部亦可切实负责切实发展。中央对各新省，则以现行监察使制度尽其督促监视之责。略如汉之刺史与唐之观察使。而地方则由各新省的省议会，再各选至少一人至多两人之国会议员，以表达地方意旨监督中央政务。如是则地方与中央可以活泼连成一气。一面是中央明白交付地方以自由推行政务之权，一面即是中央向地方取得统一集中之权。故说"地方自治"与"中央统一"可以同时办到，其机栝只在将现行省区略略修改。

四

一种制度之推行，其最要前提，还在与当时实际人事相和洽。并不能抹杀人事，空立制度。尤其当前是抗战艰难的时期，一切政制，惟求减少人事摩擦，增进军事便利为第一义。上述意见，仅就理论上空洞陈说，以备政府之参考，同时引起社会之注意与讨论，为将来改进一种准备。笔者于目前实际政况，昧无所知，不敢谓此种意见，即速便可推行。惟仍就浅识推想，则觉此项改进，即在当前，亦未尝无斟酌试行之可能。

试先举目前处于抗战前线之各省区而论。如豫、鄂、皖、赣、湘、粤诸省，或则省会已沦陷，或则省疆已不完全。而以适当前线之故，其各县各地工作之艰巨烦杂，当十百倍于平时，至于关涉军事者，则现在的省委会并不能胜任负担，而早已别归军区长官统一支配。然则若在此时，将原有省委会分散，遴派各省委或另再挑用相当人才分区负责。如湖北省即可分为"襄樊"新省、

"荆沙"新省等，每一新省长各就其所辖地区下之十余县切实联络，分头进行工作。一面受中央指导，一面就近暂听军区长官节制。务求军事民事紧密打成一片，而使每一人选各得切实活泼加强其政务上之贡献，则似乎此项意见，便可推行于现处前线之各省区。

又次就已沦陷各省区而论。目下中央依旧委派该各省长官在敌人后方工作，其为艰巨，较之在前线各省区，当更过之。又因重要交通据点及路线，大半为敌人占去，因此一省机关，要求其能对所辖全省指挥灵活，殊难做到。至论军事方面，亦早已有军区长官负责，或即以原委省主席担任军事，则对他项民事，势难兼顾。且如苏北徐海一带，其形势上之联络，与鲁南豫东之关系转深，与同省江南之关系转浅。而同样江苏京沪一带，与浙西皖南之关系转深，而与同省之江北关系转浅。设若废去旧省制，使各新省区可以在敌人后方便利单独活动，亦可更活泼的相互联络，而各受该后方军区长官之节制，尤较现行省区制似更近实际。

最后请更就在后方几个完全省区而论。其工作之艰巨，超过平常之倍数，凡在后方之人士，皆已目睹。且各省区情形，亦各有变动。即如四川一省，重庆已为中央政府所在地，西康又正在建新省之进程中。大势所逼，本不能一照旧况。而且目下后方各省主席，几乎全已别受中央更艰巨更重大的抗战任务，如集团军司令等。为各省主席之节劳专神起见，为各省委员之加紧工作起见，若照上述意见，分区负责，亦未始不可次第斟酌试行。

至于新省区推行后之省县长官，尤其是县长官，如何妙选人才，以焕然一新全国之视听，而振作民气，以切实加紧与军事之联络，而博最后之胜利，此则全属制度改革后之人事问题，不在本文讨论之列。

（一九三九年四月三十日重庆《大公报》"星期论文"）

下卷

一、中国传统政治与儒家思想

一

一国家一民族之政治，乃其国家民族全部文化一方面之表现，抑且为极重要而又不可分割之一面。苟非其国家民族传统文化可以全部推翻彻底改造，否则其传统政治之理论与精神，势必仍有存在之价值。

我国自辛亥革命前后，一辈浅薄躁进者流，误解革命真义，妄谓中国传统政治全无是处，盛夸西国政法，谓中西政治之不同，乃一种文野明暗之分，不啻如霄壤之悬绝。彼辈既对传统政治一意蔑弃，势必枝蔓牵引及于国家民族传统文化之全部。于是有"打倒孔家店""废止汉字""全盘西化"诸口号，相随俱起。然使其国家民族数千年传统文化，果能快意毁灭，扫地无存，则国家民族之政治事业亦将何所凭依而建树？辛亥以来之政论，先犹限于一院制、两院制；总统制、内阁制；中央集权、地方分权诸问题，大率不外美国、法国之两派。及第一次欧洲大战以后，西方政情剧变，铜山西崩，洛钟东应，国内政治理论，亦轩波时起。于共和政体外，有别唱法西斯"独裁"与苏维埃"共产"之说者。于是主英、美政体之外，又别有主德意与主苏联政体之两派，不仅见之言论，抑且发之行动。并至于劫胁屠杀，不恤赌国命以争必胜。

夫流血革命，亦人类社会进步中所不免。然使一国家民族之政治精神与其理论，乃全部汲源仰流于外邦异族，其自身仅如一生气已绝之僵尸，有待于借导外魂，使之复起。今日之争论，则仅在于将借谁氏之魂而已。俗语有借尸还魂，今日之中国，则为借魂起尸。一旦此尸复起，体面犹是，中情全非，其家属亲爱，殆将向之痛哭不止，况其人生机实尚健，而故意扼肮塞颈，自使气绝，而妄觊引来一不可知之外魂，以一新其生命，则不谓之极人事之狂妄不可矣。

二

夫政治自有生命，自有渊源，非可貌袭而取。今之言政制者，或拥英美，或祖德意，或护苏联，诚各言之成理，持之有故。然此皆依傍门户，如仆隶之各随其主，桀犬吠尧，未必桀是而尧非，若能超然远观，则泰西政制，显属同根，苟非斩其条肄，亦将昧其本干。

近人言政，盛夸西洋"德谟克拉西"。"德谟克拉西"远源，当溯自希腊之城邦。此实一种小国寡民之政制。希腊东西一百八十哩，南北二百五十哩，然当雅典战胜波斯后（前四七八—四三一）主宰狄罗 Delus 同盟，所统市府多及两百。希腊当时一国家，实不过一城市，附以一片海岸及港口，又一带平原环绕，点缀以数个村落而已。此一城可以窥见他一城之城砦山脉海港，而各自为一国。距城十五哩以外，即往往称异国焉。每城居民以千计，最大者不及二十三十万人，犹不能以平等相与。其得预闻城中政事者称市民，亦称公民。雅典最盛时，自由公民九万人，奴隶三十六万五千人，非全权公民四万五千人。或谓雅典以市民二万而拥有奴隶四十万，科林斯 Corinth 以市民五千而拥有奴隶四十六万。当波斯战争时，斯巴达公民仅一万，战胜雅典后，财富集中，渐趋腐化，贫者失其资格，公民递减至二千，逮后不到千五百人，而其势遂衰。而斯巴达农奴有二十万，其他臣民亦十二万，盖不啻以一制十也。近世好举美国林肯总统民有、民治、民享三语，以为乃民主政治之极则。然若衡以希腊当时实况，则民主乃指市民言，不主居民言，政治属此少数市民所组成，亦为此少数市民而营谋，而其势亦终于不能扩。依柏拉图所拟议，一国公民，仅可在一千乃至五千零四十人之间，亚里士多德则谓适宜于民主国家之全体公民，必在一个讲演者之声音所能传达之范围以内，此实为欧洲民主政体一个最早之剪影。

　　罗马建国，遥为恢宏，然罗马乃以一核心征服其四围。就其核心言，则依然希腊一市府也。罗马乃以古希腊城邦为主体，而外罩一帝国之长袍。罗马建国亦犹希腊，非以全部居民建设之，乃由全部公民建设之。其被征服各地之居民，并不能为罗马之公民，仅为罗马帝国之臣仆俘虏，以待罗马公民之宰制与剥削。全意大利公民最盛时曾达五十万人，而所谓公民者，其间亦不平等。有贵族、有骑士、有平民，复有所谓新自由民则奴隶之得脱籍而解放者。罗马富人有畜奴一万二万者，罗马人畜三奴为穷人矣。罗马以战立国，有战神庙，出战则开庙而祭。其战神庙之庙门，乃常开不闭。共和五百年间，神庙仅闭门一次，闭亦仅数年间。罗马既以军力征服各地，乃有税吏团承包各征服地之税收，银货聚敛集中于罗马，复有银行家贷之四出，仍以放债收息于各地。

泰西政治，远溯不出希腊、罗马两型。此两型者，有一共同之特征，即是皆以一小范围为中心而向外发射。希腊以商货贸易，罗马济之以军队。而此小范围中心，又自有其中心为之主宰，此即所谓"民主政治"，故民主政治实以"个人主义"之权利思想为出发点。所谓民有、民治、民享，即若干个人共有此种权利，因共同管理之，为此共同体谋乐利，无他义也。此种政治，换辞言之，实一种强凌弱（以一中心征服四围为殖民地），富欺贫（富者为公民，贫者为奴隶），众暴寡（政治取决于会议，以多数压制少数）之政治。其政治理论之最后根源，既为一种"个人主义"，故政治事业亦不啻为各个人各以其自身力量营谋自身福利之一种活动。行之而弊，则不免于少数压多数。行之而利，亦不过为多数压少数。此项政治之最大缺点，乃在并无一种着眼于人类大群全体之精神。故面对此种政治而起者，常不免有两大冲突，对外则有"民族之争"，对内则有"阶级之争"。再换辞言之，此种政治常含有一种"对抗性"与"征服性"，而绝少教育与感化之意味。因此"民族"与"阶级"间之罅缝，常愈演愈深，而终不免于破裂。

罗马帝国覆亡，耶稣教会之势力，乘之而起，扶摇直上，如日中天。耶教教义，超阶级，超民族，正与希腊、罗马政治截然异趣。虽谓欧洲中古时期之耶教势力，即为希腊、罗马传统政策之反动可也。然耶教教义终亦与希腊、罗马政治沆瀣一气，相织互染以共成近世欧洲文化之大源者，则亦有故。盖耶教教义有与希腊、罗马传统精神至相密切至相类似之一点，即其亦带有极浓厚的个人主义之色彩（此层待另篇详论）。然耶教教义，虽足以补偿古希腊、罗马狭窄的民族阶级局部权利之缺点，而耶教之终极精神，则在天上，不在地下，宗教上来世之祈求，不能代替政治上现实之活动。故中古时期之耶教，虽炽盛一世，亦并不能为欧洲传统政治辟一新境。于是遂有所谓神圣罗马帝国之形成，其帝国之皇帝与罗马教皇异源同流，平分江汉。一主俗事，一掌教义。欧洲中古时代政教之判分，正足证明欧洲传统政治之缺陷。盖卑之无甚高论，政治联权仅止于掌管处理分配，而教化指导之责，不得不仰赖于教会。然教会既主天国，主出世，其预闻俗世政事，即已不啻为教会之堕落。而当时所谓神圣罗马帝国者，究其实不过古罗马庞大躯壳之遗蜕，既无若罗马之军队与法律为之统制，如雾如影，有其相像，无其实体。浸假有教会益失势，天国来世之崇向，不能常此羁縻久静欲动之人心。一旦新城市兴起，海上商业复苏，古代之文艺再生，而为欧洲中古教堂几百年所牢笼之人心遂奔轶绝尘而去，于是"民族国家"与"民主政治"之创建，遂为欧洲近古史开始两大主潮。其政治理论之最高标准，曰自由，曰平等，曰人权，曰宪法，曰民意，曰多数，然试究其实，亦不过古希腊罗马城邦中心政治之一种扩大的变相而已。故民族国家之建立，同时即引起民族间相互之冲突。民主政治之提倡，同时即引起社会各阶级相互之斗争。近世欧洲政治之波谲云诡，以是观之，如乱丝在蹑，无不有绪；如燃犀为照，无不有迹矣。

三

卢梭《民约论》，为近世民治思想之宗主。卢氏生于瑞士之日内瓦，时为瑞士一小省，其最高行政机关，即为全体公民大会，与古希腊雅典无异。卢氏《民约论·序言》极称之，自谓生而为一自由国之公民，又谓每沉思及于政府组织，便不觉乐自心生，因彼愈觉其祖国之可爱。此为近世欧洲民治思想导源古希腊小国寡民城邦政体之显证。然论近世欧洲民主政体之楷模，则在英不在法。（注一）而英国宪政创建，固常以理论随事实，不以事实随理论者。试一浏览英伦七百年宪政进展大体，则明是一阶级势力之斗争消长史。上下二院之对立，保守、自由两党之并峙，此皆以代表其背后之阶级权利而存在。试推广而看欧洲各国之政党，其背后亦几无不代表各种阶级之权利。凡曰保守党、复辟党云云，则必代表王室僧侣贵族之特权。凡曰民主党、立宪党、自由党云云，则必代表中产阶级职业知识者之利益。凡曰社会党、激进党、劳工党云云，则必代表无产阶级下层民众之呼号。其间虽有出入，大体如此。其有政党而不代表阶级利益者，则必代表民族界线。如前奥匈帝国各政党，有代表日耳曼民族、匈牙利民族、斯拉夫民族之分。而斯拉夫民族中复有代表波兰人、捷克人种种之界线。今试设想一旦各阶级各民族间之疆界幸获铲除，则政党精神即不存在。政党不存在，则七百年来演进所成之英伦宪政为举世所艳称者，亦即失其柱石，无可撑架。然则欧洲民主政治之最高境界，亦不过在各阶级各民族权利相争之局面下求得弥缝，勿至破裂，而犹往往不可能。如北美殖民地之革命，即一种阶级斗争之破裂；爱尔兰之屡兴叛乱，屡谋独立，即一种民族斗争，虽未达十分之破裂，而亦未臻十分之融和。然则人类固不能有一超阶级、超民族之较高原则以为指导督率之方向乎？曰此在欧洲宗教则有之，政治则否。宗教既偏于出世，不足以降伏跳荡之人心，而政治又仅止于民治、民有、民享，以个人主义之乐利观念为圭臬，则宜乎欧洲"阶级""民族"之争，终相寻于无已矣。

称论欧洲民主政治者，必举英、法。欲明英、法政体渊源，当上溯古希腊之城邦政治。而英、法国体，则远承罗马帝国之统绪。帝国特征，在于征服。所谓民主政治者，仅适用于其核心之主体，其外围之征服地，则平等、自由、博爱之说皆无当。如英之于印度，法之于安南。此以供其宰制剥削，而非所语于共有、共治、共享。究极言之，苟以希腊城邦政治之精神为核心，其势不能不有罗马帝国之规模以为之外围。希腊城市文化有二大支撑点，其内包者曰奴隶，其外延者曰商业。奴隶来源有竭，罗马人济之以俘虏，近代欧洲代之以机器。（注二）商业之推进与保护，则古罗马与近代欧洲皆以军事之征服与占领尽其职。古希腊人大率一人畜五奴，今日机械文明发达之美国，则一人畜无血肉之奴五十，英国亦得二十。内包外延，相引并长，中心蓄力愈厚，向外放射愈远。然自世界殖民地大体为英、法宰制分割，已无余剩，而别有新民族国家崛起，新中心蓄力形成，则其向外发射，势必侵入英、法旧有辐线，而冲突乃不免。此则英、德对峙所以为造成最近两次大战争之主因也。

德、意新兴，其民主宪政之成绩，本较英、法为落后，而帝俄尤以专制黑暗称。自第一次欧洲大战后，之三国者，乃各以其崭然的新政体震惊一世。德、意之独裁，苏俄之共产，疑若与英、法民主政体，截然两途，而其实不然。德、意独裁，仍不过民族斗争过程中一姿态；苏俄共产，仍不过阶级斗争过程中一步调而已。若使易地以处，德、意肆其大欲，而宰制世界一切殖民地，居于国际最高领导地位，对外既无顾忌，对内即生破裂。德、意民众亦复以个人乐利为出发，不幸而强敌在前，不得不协以相处。欧洲政治本一权利争论角逐之场，若以一国家譬之一政党，以全欧洲譬之一大国会，则德、意乃一民族政党而非阶级政党。爱尔兰议员之出席于英国国会，彼辈自成一民族政党，而与英国议员之分保守、自由党者不同。然使爱尔兰一旦完全脱离英伦，独立自主，其国会中政党，必代表阶级不再代表民族无疑矣。故知德、意独裁，必非其国人内心所要求之终极政体，而不过为民族斗争中一过程。至于苏俄，若使工商实业亦得早如英、德诸国之发达，中产阶级握有不可动摇的地位，则苏俄政治不效英即效德。今苏俄国内中产势力既未形成，王室贵族一旦推翻，自然走向无产阶级专政。又其在全欧诸大民族中，苏俄工商业独为落后，苏俄独为一无产阶级的民族。然则苏俄之高呼无产阶级专政者，其针锋相对处，乃在国外而非国内。苏俄之共产主义，虽其外貌（从向内看）俨然一代表阶级的政党，而其底里（从向外看）亦仍是一代表民族的政党。若使苏俄积极造产之狂热，得遂其愿，使苏俄一旦操握世界经济金融之大权，其民众决不甘常为无产之劳工，抑且未必愿为世界他民族之无产劳工宣传共产主义，又断断然矣。故若揭破政治上国内与国际之烟幕而透视其实际，则苏联之与德、意，其貌异，其情实同。而此三国之与英、法，其貌异，其情亦同。欧洲传统政治之血液中，本含有阶级斗争与民族斗争两大毒菌。此远自古希腊城市文化以来，盖不啻即其血液中主要一元素，而莫可清除。惟有耶教教义，超阶级，超民族，欧人资取以为解消之方，而宗教政治世间出世之隔阂，终无以浑成一片，遂若一落世间相，即不免有民族阶级权利之对立，此为欧洲传统政治症结所在。其病害之襮著，一见于古希腊之衰亡，再见于罗马帝国之崩溃，三见于今日欧陆之大战争而尚莫知其所届。至于所谓中古时期之黑暗，此则可无论。

四

今日国人所醉心低首之欧洲政治，就实论之如上列。试返而观吾国家民族数千年来所传统独擅之政制为何如。若就大体较量，吾传统政治有与西方截然不同者两大端：

一曰吾国自古政体，开始即形成一种广土众民大一统的局面，与希腊市府之小国寡民制不同。而吾所谓大一统者，乃由国家整部全体凝合而形成一中心，与罗马帝国之由一中心放射而展扩及于四围者又不同。故罗马帝国之创建，由于"向外征服"，而汉唐政府之完成，由于"向心凝聚"。此中西之不同一。（注三）

二曰吾国自古政治，即抱有一超阶级超民族的理想，即抱有一对人类全体大群尽教导督率之责任。故政术、人心、天道，往往合一言之，政治在能"上本天道，下符人心"。而所谓人心者，不以小己个我之乐利为心，而以大群全体文化进向之大道为心。此即所谓天道。非本天道，即不符人心。故王者为众心所归往，而又曰"内圣外王"。盖吾国自古政治，即已兼尽宗教教育之任。故西国政教两剖，有政治不可无宗教。中国则政教一冶，政治即已尽宗教之职能。此又中西之不同二。

西人论中国政制，每目之曰专制，国人崇信西土，亦以专制自鄙。寻其说不外两义。一则中国有王统，常数百年不绝。二则中国无代表民意之机关，如国会议员政党宪法皆缺如。然皇帝所以象征一国之有元首，数百年王室传统绵亘不辍，此乃政局稳定之兆，所谓长治久安，未必即专制。言宪政必推英国，英国王室统绪至今未斩，则政府有王室不为病。若论代表民意机关，则中国传统政制本与西方异趣。西国政府如一商铺，商铺经理特为店主经营业务，经理之黜陟及其设施营为，凡一铺之股东皆有权过问。中国政府如一学校，学校师傅对其子弟负教诲护导之责，而师傅之所以为教诲护导者，则不能转听命于子弟。故国君之最大责任在为天下得人，必使贤者在位，能者在职，而贤能之识拔，非必民意所能胜。故于两汉有察举，而察举之任委之地方之长吏。魏、晋、南北朝有九品中正，而中正之选限于中朝之高位，隋、唐以下迄于清季有科举考试，而考试之权亦操之在上。

今若谓中国政体为专制，试问此巍然一王孤悬孑寄于广土众民之上，将如何而专制之？若为与宗亲近戚专制之，则自秦以下诸王室之宗亲近戚例不得预政事。若谓拥强兵悍卒而专制之，则自唐以前之军队，皆由国民义务充役，不私絫于王家。自宋以下，军队虽出招募，而政府别有管军之部，亦不由王室统领。若为与官僚群吏专制之，则此官僚群吏之察举、考试、进退、黜陟，在政府又自有主者，非帝王私意所能指挥。然则此孤悬孑寄之皇帝，终以何道而得专制？盖中国帝王本以民众信托而居高位，故曰"天生民而立之君"，又曰"作之君，作之师"。君师合一，为君者宜为贤圣杰出之人才，而天下之大非可独治，故物色群贤而相与共治之。若依卢梭《民约论》，谓西国政治权之理论来源为由于民众之契约，则中国传统政权之理论来源乃在民众之信托。若目西国政权谓"契约政权"，则中国政权乃一种"信托政权"。西人亦自有所信托，其所信托者在教会不在政府。

然则中国政府岂即等于西国之教会乎？曰是又不然。西国教会所率导向往者在"出世"，而中国政府之责任则即在"世间"。故曰："天视自我民视，天听自我民听。"西国教会之归极曰上帝、曰天国，而中国政府之归极则仍在此茫茫禹迹中之广大民众。故西国于宗教外不得不别有政治，而中国于政治外却可以不复需宗教。

五

然若为之君者未必贤，又所谓物色群才以共治天下者，其群才之陶铸培养又如之何？曰此胥赖于"教"。无君无臣，无不待于教，中国政治之终极责任在教，中国政治之基础条件，亦在教。故学校与教育，其地位意义，常在政府行政之上。西土中世教育权，操诸教会，挽近世民族国家崛起，中产新兴阶级，常欲夺贵族僧侣之特权，于是政府乃与教会争学校；自代表无产阶级之政党渐盛，于是乃向政府争教育之普及。教育既主持于政府，亦仍不免为民族斗争阶级斗争之利器。中国传统教育，常主于超民族超阶级而为人类全体大群文化进向辟康庄示坦途，而政府亦受其指导。任其职者，则为"士"，自孔子以来谓之"儒家"。故欲明中国传统政治之理论与精神，必先从事于儒家思想之探究。

近人既目中国传统政治为专制，因疑儒家思想导奖君权，此亦无据之说相引而起，无足深怪。若谓儒家思想导奖君权，则毋宁谓是提倡臣权为更得。盖儒家思想之在政治，重心在臣不在君，臣之领袖曰相。孔子曰，"我久矣不复梦见周公"，周公即相权之代表。孟子盛称伊尹、子思，伊尹得君行道，子思则否，要皆其君之所不得臣，故儒家论君道则主无为。（注四）孔子曰，"北辰居其所而众星拱之"。故儒家极推尧、舜，尧以不得舜为己忧，舜以不得禹为己忧，既得其臣，则无为而自治。故曰"共己正南面而已矣"。然大舜先为臣，后为君，尚非无为之极则。故《论语》尤推尧，曰"大哉尧之为君，惟天为大，惟尧则之，荡荡乎民无能名焉"。

古者称天而治，掌天道者在巫史，为君者即凭巫史以为治。儒家之学兴，明天道者归于大儒，为君者乃亦凭儒以为治。孔子曰："文王既没，道不在兹乎。天之将丧斯文也，后死者不得预于斯文也。天之未丧斯文也，舍我其谁哉。"君权源于天，天道存乎臣。此臣者，即孟子之所谓师，亦荀子之所谓大儒。故儒家兴，则巫史失其尊严。宗教之权日替，学校之任日隆。自秦以下，百官之长为丞相，丞相乃副贰义。以今语译之，丞相即副天子也。天子世袭不尽贤，而丞相为百官选，以贤不贤为进退，可以救天子世袭之敝。天子为一国之元首，而丞相乃百官之表率，天子诏书非丞相副署不得行下。因天子之世袭而有王室，丞相百官不世袭而有政府。天子拥其尊位，政府掌其实权。政府百官之推选，则一本于学校，学校之教一本于道。人道之至中大极溯于天。宗教、政治、教育一以贯之，而世间出世之障隔亦不复存在。此儒家论政理想之大端。

孔门论政常以"仁""礼"相济。礼有秩序等衰，仁则民胞物与，人我一体。儒家论政，盖主以无人我之公心，而创建大社会之秩序者。惟后儒各有偏倚，大率孟子论政偏于仁，荀子论政偏于礼。自秦以下，儒学昌明，首推汉、宋。而宋儒偏仁，汉儒偏礼，亦各有其特诣。汉儒恢伟，颇羼阴阳家言，以孔子为教主，奉尧、舜禅让为绳律，推演五德终始，发明无万世一统之帝王。既主禅国让贤，而一代之新王兴，又必变法易德，与民更始，以符大化之运，而归其极于天人之相应。其立说虽时杂谶纬迷信，要之儒学大义存焉。宋儒较谨严，不重天道而重性理，以天道玄虚而性理切近。又不言禅让，惟极推皋、夔、稷、契。若臣道能隆，则君位可以不问。师相合一，为之相者为之师，否则昌明治道于学校，以待王者之来法，为之师即为之相。故范文正为秀才时，即以天下为己任。"先天下之忧而忧，后天下之乐而乐。"仕学相表里，而莫不有一段宗教之精神，则又汉宋之所同。

盖西土政治源于城邦，小国寡民，易与政事亲接，故主民治。中国以广土众民为大一统，国民预闻政事不易，不得不别辟途径而造士治。政事由国民直接操握，故主平等自由，尚多数表决。政事间接委之贤才之士，则不得不重教育，重考选，务使贤者在位，能者在职。此一说也。西洋政教分峙，政事率重乐利，崇权力，亦仅为局部之谋。中国融教于政，故政事目标常较远大，斥为局部人谋乐利权力者为霸术，而治道以王天下为归趋。此又一说也。中国四千年来政事，固常有晦明隆污之不齐，然吾先民固亦自有其理想，亦自有其途径，其未能达其所欲向往则有之，若谓中国千古长夜，其人民惟蜷伏于专制君王淫威之下，初未尝有政理光昌之一日，则其为诬说瞽见，可以不辨而自晓。

六

中国传统政治，其所悬目标既较高（以不为局部人营乐利权力，而以王天下为归趋故），其所当处理之对境又较难（以非小国寡民故），故其见效亦较不易。然大体言之，中国传统政治，有与人共见之效果二：

一曰可久。

一曰可大。

何以谓之"可久"？以西土言之，其先如希腊，次如罗马，又次如中古封建，挽近世有诸民族国家，政权传递，新者未立，旧者已仆，各自为政，盖皆数百年而声销响歇，尚未有能持续至于千年之久者。中国四千年来有三代，有秦汉，一部二十四史，虽朝代更迭，要之由中国人操握中国政治而不失其传统。常此持续，与西土之彼仆此起先后为传递者不同。此可久之效一。

何以谓之"可大"？希腊城市并殖民地算之，其最盛时数逾一千。罗马领土兼跨欧、非、亚三洲，尤称恢广。近世英法殖民地，散遍五大洲，视罗马疆境又扩。然其所展布推扩者，乃其权力之所及，乐利之所依，至其主宰所在放射所自之中心，则常自封自限而不能扩。否则如蜂之分房，脱绝而去，如美之于英。再不然，如两雄不并栖，必灭其一而存其一。如最近大战迭起，举国一志而赴者，凡以两雄不并栖故。中国三代建国，大率在黄河中流之两岸。秦、汉以下，国土日宏，历代建都，或在长安，或在洛阳，或在燕京，或在金陵。然建都长安，非陕西人创国之谓；建都洛阳，非河南人擅权之征。盖中国者，由中国人创立之，东北自龙江，西南达滇池，西北自天山之外，东南达粤海之滨，凡中国人所生息安居于是者，其风俗教化皆从同，其在政治上权利义务之地位亦相等。盖中国乃由四方辐辏共成一整体，非自一中心伸展其势力以压服旁围而强之使从我。其四邻之风俗教化不能尽同者，中国人亦常愿被以惠泽，感以德意，常务相安并处，以渐达悦化之境，如安南、朝鲜之朝宗于我。此可大之又一效。

故中国传统政治在内不许有阶级之对峙，在外亦不乐有民族之相争。可大可久之效，盖由此而著。

七

然中国传统政治，亦非无流弊。

一、既鄙斥霸术，不务于富强兼并，乃时为强邻蛮族所乘。

二、民众不获直接预政，士大夫学术不常昌，乃时有独夫篡窃，肆其贼志。

而挽近元、明、清三代所加于传统政治之病害为尤大。

元代入主，中国政治传统几于烬绝。明祖光复，而不胜其匹夫之私意，废宰相，设内阁，政府大权，辖于王室，遂开晚近六百年君主独裁之新局。满清盗憎主人，踵明祖私意而加厉，又增设军机处，于是中国乃有皇帝而无大臣。（注五）是一病也。

考试制度为中国传统政治一柱石，至明中叶而有八股，及清代道、咸以来又偏重小楷。不惟无以拔人才，抑且锢其聪明，靡其精力，不啻于戕贼之，此二病也。

明代既罢相权，因亦不乐士议，书院讲学，朝廷常加敌视。清代益厉禁，书院皆由官办，以膏火津贴买收来学。又大兴文字之狱，惨施焚戮，学者怵于淫威，相率埋首故纸堆中，务考据训诂为蠹虫，此三病也。

三病所阶，至今为厉。然因病发药，亦贵勿伤本原。昧者不察，乃欲铲根削迹，并数千年传统政治之理论及其精神全部毁弃，赤地新建，另造炉灶，一惟西土之是崇。此犹七巧拼图，一块移动，块块皆须改位。中西政理，各有渊源，此皆全民族整个文化之一部。文化更新亦需自本自根，从内身活力发荣滋长。非如拆屋造屋，可视国族传统为砖瓦死物，而以一二人之私智短见，自负为匠心之独运。

今之言政者，曰英、美，曰德、意，曰苏联，固已如数家珍，秘若王氏之青箱。问其传统政制之沿革利弊，则往往瞠目结舌，不知所对。一若此不祥之噩梦，不足复追忆于光天化日之下。则不知寿陵余子学步邯郸，不惟故步难忘，而邯郸之新步，亦有未可蹑足即能者。

英伦宪政，姑勿远溯，言其本国之演进，亦已逾七百年以上之历史。卑斯麦乃谓英伦政党政治，非吾日耳曼人所能操。今纳粹党之独裁，亦已自卑斯麦威廉第二以来，远有承受。若苏俄布尔雪维克之胜利，端在其国内工农阶级合并爆发，此乃西欧各国煽动无产阶级革命者所馨香祷祝而终难幸遇之一境。之三国者，文化渊源本出一族，而立政定制，尚犹因势利导，随地成形。岂有建国于大地之上，而可寄托其国家民族安危存亡所系之政治精神与政治理论于某一外国异族脚跟之后，随其趋向以为奔走之理？更岂有各挟一外国异族之政制政论为标帜为号召，自分朋类，相争相笑，而谓可以措其国家民族于磐石之安之理？

然则欲完成建国大业，端在自本自根，汲出政治新理论，发挥政治新精神，使政局有安谧之象，而后凡百改进有所措手。而儒家思想之复活，中国传统教育精神之重光，尤当为新政导其先路。

凡此所论，固不在彼我之较量，亦非为恋旧而怖新。爱国深识之士，当体斯旨。（注六）

注一： 英语政治 Politics 由希腊语 Polis 引伸，Polis 即城市国家之谓，如斯巴达、雅典、罗马各国，皆只包一个城市及其近郊。拉丁语称为 Civitas 由此引伸为文化 Civilization。

注二：十九世纪初，欧人殖民地中约有奴隶七百万。其死亡率之高，达百分之二十五，以前数倍于此。一八〇七年至一八四〇年间，自非洲输入美洲五百万以上之奴隶。黑奴之外尚有白人之半奴，所谓契约佣工是。尤以在北美殖民地中为最多。十七世纪时，其数超出黑奴以上。其中一部分为被处流刑之罪人，一部分为穷人。而殖民地规律对驱使奴隶之残酷，及继续的奴隶输入（奴隶不能自行生殖），与掠夺的农业经营，皆为当时殖民地商业之基础。

注三：美国以人权自由为革命之标帜而建立新邦，其国体乃与我近似。故美国不要殖民地，菲律宾仅属代治，将来当许其独立。此为美国立国精神所寄。然美国亦以工商立国，最近已超越其以前孤立自守之孟罗主义而与全世界相接触。美国既主海洋自由、商业自由，若永不要殖民地，如何保持其主张，此为世界最近发展中一有趣之问题。（今按：此次檀香山会议，美国态度显有转变。）至如中国明代之于安南、朝鲜，清代之于蒙古、西藏，仅为其宗主国而许其自治，与欧人殖民地性质绝不同。

注四：儒家无为之治与道家理论不同。儒家以"仁"为人道之极则，"孝弟为仁之本"，而孝弟出于天性。尽性知天，故儒家之天道，证之于人心之孝弟。《大学》言"为人君止于仁"是也。是儒家虽颇主君之无为，而未尝谓政治当无为也。道家以"无"为天道之极则，又曰"道法自然"，君即当代表此"无"，一任自然。所谓"天地不仁，以万物为刍狗；圣人不仁，以百姓为刍狗"。君既无为，臣亦不当有为。盖认政治根本当无为也。墨家亦以君为代天而治，又奉禹为法，非无为者。然墨家主君由民选，则亦无导奖君权之弊。惟民选君主之制度，以古代中国之情形论，颇不易实现耳。真为拥护君权者惟法家，先秦思想只以儒、墨、道三家为大宗，法家褊狭，向为国人所轻。又道家重自由，墨家重平等，儒则二者兼尽，法家二者皆缺。此所以申、韩卑卑，不足与三家并齿也。又西国中世以后有所谓开明专制者，亦与儒墨理论不同。开明专制之重心在君主，而儒墨政治理论，其重心均不在君主。

注五： 罗马共和国既覆亡，遂有帝国，除皇帝外别无所谓长官。八千万人之帝国政事，皆主于皇帝一身。皇帝之秘书与大臣，则皆自新自由民中拔用，大半皆外国人，故史家谓罗马皇帝乃以从前之奴隶统治其本来之公民。即就后世西洋史观之，其历史上有关系之人物，有皇帝，有教主，有军人，有艺术家、文学家、科学家、哲学家、探险家等。其他有为皇帝管理财政者，有为皇帝办理外交者，而极少所谓大臣。有之，自英伦宪政之责任内阁始。中国史上不仅每一时代皆有所谓大臣，皆占极重要之地位。而群臣之地位亦极重要。更有所谓地方循吏，贤良的小区域的地方长官，在中国史上为常见，在西洋史则少有。此亦见中西传统政治形态之不同。

注六： 本文立论宗旨，并不谓现行欧西政论政制，绝无可为中国取法学步之处。更非谓中国政治可以复古汉唐遗规，或甚至再立一个皇帝。然如辛亥革命以后，中国本只有一个国民党，那时因欧洲尚未有一党专政之新制度出现，中国模仿西洋，偏要勉强成立几个政党，结果遂为北洋军阀所利用，驯至洪宪称帝，中国扰攘不宁者有年。又如中国社会本无阶级对立，而近年来又因一党专政转入无产阶级专政之理论，偏要勉强制造阶级意识，国共之争，所加于中国社会之损害，已不可计量。最近国难严重之际，尚不放弃共产革命之迷梦。然则前一段之取法英、美，后一段之效颦苏联，正可为国人今后之棒喝。苟非自己能有一套政治理论，何以英、美者必是，苏联者必非，势必学英语者主英、美，识俄文者主苏联。否则且看别人打架，英、美胜则主英、美，德、意胜即主德、意。自己政治理论不能独立，则一切国是从何竖起。若欲政治理论独立，除非从自己文化传统中找一条路发挥改进，此全与顽固守旧不同。辞烦不杀，幸读吾文者谅之。又此文仅粗陈指要，其相关涉各方面，则非极论中国传统文化之全部不为功。

（一九四一年十月《思想与时代》月刊第三期）

二、中国社会之剖视及其展望

一

政治与社会互为因果，中国以大一统国家行使信托政权，其政治与欧洲不同，其社会形态之演化，亦与欧洲异趣。近二十年来，国内学者好谈社会，鄙视政治，其对中国社会之诠释，又好以西史为比附。或谓中国自秦以下，二千年依然是一封建社会，或谓秦以后之中国，乃一前期资本主义之社会，各持一见。比拟西说，亦未尝无相似处，而中国社会之根本精神及其特性，则殊不在是。此当就中国历史自身内部探究之。中西文化渊源各不同，未可以削足适履，袭取他人之格套，强我以必就其范围。

若谓自秦以来二千年，中国依然是一封建社会，则试先问所谓封建社会之界说果如何？

以政制言，中国自秦以下，国家一统，郡县行政直隶中央，并非诸侯割据各自为政。如西汉初年之大封同姓，东汉末叶之州牧，中唐以下之藩镇，此乃一统政治下偶有之变象与病态，中国历代政治之为中央一统，而非封建，彰灼甚明。

以贵族阶级之特权言，秦代似绝无贵族，汉自武帝以下，宗室功臣之势力皆衰绌，各方平流竞进，亦绝无所谓贵族。惟东汉以下渐有门第，因缘世乱，其在社会上之势力与地位，益形增高。魏晋南北朝不啻为一门第之世界。下逮盛唐，流风未歇。此辈俨然一古代封建贵族之遗蜕，然夷考其实，则大有不同。一则彼辈并无采邑，虽或封山锢泽，专擅自利，而政府时有占田占山之限，固未尝承认有门第之特权，更无论于分土建国，自君一方，此不得谓之封建者一。二则彼辈服官就职，皆先之以中正之品状，继之以尚书之甄叙，虽曰"上品无寒门，下品无世族"，然此特一时事态，政治上绝无似古贵族世袭之规定，此不得谓之封建者二。其时士庶尊卑若有阶级，部曲佃客若有私属，然门第既无封土，又不世袭，则其役使平民，亦富室大家之恒事。若据此而指目为封建，则古希腊、罗马贵族，皆盛蓄奴隶，近世工商大企业，广招工人，岂得皆以封建说之？况魏晋以来之部曲佃客，其身份尚不与奴隶为伍。政府亦时加禁抑，佃客有限额，部曲有解放，清查白籍，厉行土断，屡见于史乘，此不得谓之封建者三。大体言之，中国中世门第形成，源于东汉孝廉察举之制度者为大。时惟士人始得从政，家世传经，即家世簪绂，魏晋南北朝以迄隋、唐，所谓盛门名族，固不以帝王血统，亦不以武臣功伐，复不以货殖赀产。彼辈特以学业承绪，在政治上独得尊显，在社会上亦独得崇重而已。唐以后科举之制兴，仕途大辟，印刷术发明，书籍流布亦易，士族门第遂尔绝迹，此等现象，岂可与西洋中世纪封建相提并论乎？

若就经济状况言，中国社会固以农业经济为主体，然农业经济非即封建。西方学者言财政制度，有租税国家与徭役国家之别。租税国家者，以臣民为租税之泉源，因此其臣民有形式上之自由；

徭役国家者，以臣民为徭役之泉源，因此臣民遂成为国家之奴隶。若以此返视中国制度，此即《周官》"任地任民"之别，亦即孟子"力役之征，与布帛粟米之征"之别。中国自秦、汉迄隋、唐，租税徭役皆两有之。然轻徭薄赋，为历代相传大训。汉租什五税一，乃至三十税一，力役则一年三十日而已。唐租仅四十之一，役仅二十日。又汉、唐皆有纳钱代役之制。至唐中叶行"两税制"，而赋税制度又经一大变。若以西方学者眼光论之，此乃徭役国家制之一大解放，由此而农民更得其自由。其后如北宋之"免役"，明代之"一条鞭法"，清朝之"地丁摊粮"，要之皆是"任地不任民"，皆承汉、唐纳钱代役之遗意，皆偏向于为农民服役之解放，而增高其自由之地位。徭役之最大者莫如兵役。就西汉言，全国臣民莫不有服兵役之义务。东汉渐放弛，魏晋南北朝，农民流离失所，沦为部曲，降为家兵，又盛行签兵之制，二丁三丁至八丁十丁不等，然如东晋北府兵，已开自由应募之风。北周府兵制，复创选农训兵之法。要之皆对国民兵役谋解放。唐代府兵上承北周，选农训兵，即寓农于兵，而全国农民不必皆服兵役。自有镇兵，直至北宋，而近世募兵之制遂与往古义务兵役为代兴。近人震慑于西邦之强力，怵惕于国家争存之不易，而重唱国民义务兵役之必要。然中国已往政制用意，大体趋向于国家徭役之解放，国民自由之增进，则证据确凿，不可诬也。

抑且不仅于此，中国传统政论家，则往往不满杨炎之两税制，盖由此而中国古代政治为民制产之精意全失，兼并之风益肆，唐中叶以下之庄园制度由此遂盛。然论者若竟以唐代庄园制比拟于欧洲中古世纪之庄园，则亦不伦。就欧洲情形言，庄园领主所最重要者，厥为对国家获得一种不受裁制之特免权 immunitas。中国两税制以后之大地主，则仍不过以金钱买收田亩，对政府纳什一之税，对佃户征什伍之租（或不止），作一种转手之剥削而已。当时所谓主户客户，实同受国家法律之制裁与保护。如宋仁宗天圣间，诏许客户自由起移，如田主非理拦占，许经县论详。当时田主议论，只谓田客屋庐牛具，皆由主户供给，非经三年耕熟一地，恳勿准其他往。此在古诗人《硕鼠》之咏，已有"三年去汝"之歌。又如王荆公行青苗法，客户即偏得向官借贷，此皆当时客户直接受政府法律保护之证。即就主户客户之关系言，除田地租耕外，亦不过经济上常有一种乞贷，而主户之取息较高而已。赀产之贫富，非即法律上之君臣。不如西土庄园，田主即是封君。且中国自推行两税制以下，虽不能再现古者计口授田之理论，然不患寡而患不均之制产思想，以及传统之悯农观念，则固常浮现于政治之上层。形势影占，土地兼并，不断为政府所裁抑。小户自耕农始终为中国农村之主要元素，大地主之罪恶，虽常记载于历史，要之其比数则甚微。故中国社会虽以农业经济为主体，而就农民在国家法律上之地位言之，亦不得谓与欧洲中古时期之封建社会一色。（注一）

二

欧洲史家论社会进展，谓封建社会之继起者为商业资本主义之社会。然此特彼中史家就其历史过程推籀而得之理论。中西文化特性不同，其社会演变亦复异。今之论者，乃谓中国社会既非封建，则必为商业资本主义之社会，因遂谓中国自秦以后为前期资本主义之社会者，此亦同样为比附之论，非能抉发中国社会之特殊面目。

中国商业之发展，当远溯诸战国。其时如齐之临淄，楚之郢，魏之大梁，赵之邯郸，东周之洛阳，南阳之宛，曹、卫间之陶，皆新兴之商业都市。然西洋中古时期以下商业城市之兴起，乃在封建势力之圈外，故商人城市与贵族堡垒为敌体而代兴。而中国之商业城市，往往同时即为国家之首都，否则亦受其国政治之卵翼。若谓中国封建社会已破坏于春秋，则中国商业乃封建势力破坏后之新产物。若谓中国封建社会破坏于战国，则中国商业亦为封建破坏过程中附随发现之一新形态。要之中国古代封建势力之破坏，并不由于商人势力之兴起，故中国社会之继封建势力而兴者，亦不为商业资本。

且彼中学者，对于社会形态之剖析，表面上虽若注重于生产工具之转变，而实际精神则更注重于操握政权者之身份与背景。封建社会之政治权益代表地主，资本社会之政治权益代表商人，共产社会之政治权益则代表劳工。故彼土所辨社会形态，常与阶级意识联为一谈，泯除阶级冲突，即无所谓社会形态。今请以此反看中国，自秦以下之政府，果为代表商业资本者之利益否耶。若其不然，中国社会之商业虽已相当发展，固不得谓是商业资本主义之社会矣。

中国地大物博，即就国内商业言，舟车贸易之所通，百里千里如在户庭。以此所有，易彼所无，皆可以获厚利，得奇赢。然而商业资本终不发达，则由中国传统政治对之常加裁节故。试读《史记·货殖传》，当时商人资本之势力，亦已灼手可热矣。然自武帝推行盐铁官卖、榷酒酤、立平准、均输、算缗诸法，而商人之气焰大削。循此以往，中国国内商业继续发展，名都大邑，轨辙相接，飞钱交子钞票之使用，足证国内商业资本流通之频繁。

然凡民生日用必需而可以操纵牟大利者，如盐、如铁、如茶、如酒，历代政府莫不有统制，米谷则有常平，商人资本无可冲决而突进。以言工业，则中国常采一种委托工业制，由政府集中经营，视需要为生产，以极有限之剩余供贩卖，此如盐、茶、陶、磁、矿冶、织造诸业皆然。西方工场制度则异是，此皆由私人自由经营，彼辈乃运用经济竞争上有名义自由而人格意志上无实际自由之手工业工人，为无限量之生产，以造成资本之膨大。此其不同者一。

以言国外商业，中国自秦以下，西北陆路西南海路两交通线，梯航往返者不绝。而西南海上一线之繁荣，尤时时见称于史乘。交广海舶，自东晋、南朝以来，即目为利薮，当时谓广州刺史但经城门一过便得三千万。唐代尤甚。广州一埠，大食、阿拉伯商人寄居者达二十万人之众。当时乃有市舶收税之制。宋代为市舶特设官司，其税收乃为国家度支一要项。明代郑和通使南洋，远迹及于非洲之东岸，较之西土甘马、哥伦布等，尚在其前数十年。然而中国海外商业虽甚发达，亦仍不能形成资本势力，则仍是中国传统政策时加裁节之故。

三

说者或据此诟厉中国政治之重农抑商，此又近是而未尽。《左传》言"通商惠工"，孟子主"关市讥而不征"，儒家固无抑商之论。大抵贱说商业，乃在道、法两家。道家视人类文化为罪孽，其不乐商业经济之发展无足怪。法家奖农战，斥商业，鄙文学，乃以褊狭的统治阶级利益为立场。如韩非之《六反》，即是阶级意识冲突极明显之表示。汉代学者力主重农抑商者为晁错，晁错治申、韩，其主移民殖边以制匈奴，即农战政策。若夫贾、董之流，谓彼辈有意于节制资本则有之，谓其抑商则未是。大抵中国传统政治意见，于国内商业未尝不主保护，惟于资本膨大则绝所反对，所谓"不患寡而患不均"是也。故武帝盐铁、算缗、均输、榷酤诸政策，虽亦以摧抑兼并为藉口，而在当时以及后世之论者，每不直其所为。通商惠工之与摧抑兼并，二者贵乎斟酌而兼尽。若以此拟之欧洲中世纪商业城市之兴起，则远相违异矣。盖中国商业常受政府之卵翼，而欧洲中世商业城市之特起，则正与当时封建势力相对抗。故彼辈之特点，往往以一城市为一单位，内部自相团结，以誓盟为约束，以武力为护御，夫而后始可以向外经营而牟利。故欧洲中世商业之崛起，自始即带有团体斗争之性质。如公司之组合，如武装之保卫，皆就其特殊之环境而产生。欧洲商业城市之内在特征，既为团结、誓盟、防御，其对外自为分裂、自由、斗争。封建势力即为此辈所推翻，而王权则借此辈而抬高。所谓民族国家之完成，民主政治之创建，胥由此辈新兴势力所推动而主持。直至于今，欧洲国家向内向外之姿态，即莫非此中世纪商业城市姿态之承续与演进而已。（注二）然则彼中学者自称其社会为"商业资本主义"之社会，洵为恰当。若转而视夫中国，则国内政治既属一统，商贩贸易本所保护。政令之所达，即舟车之所通，（注三）居者贩者，皆得自由谋其什一之利，本不需团体之誓盟，更不需武力之防卫。然而中国商人之终止乎小本经纪，而不能更为膨大资本之发展者，则亦由此。此其不同者又一。

再以言夫国外之贸易，当欧洲中世封建诸侯四分五裂之际，商业城市之兴起，其贸易之特征即为向外而非向内。及夫民族国家之创建，虽较之商业城市远为恢廓，然就全欧洲言之，则仍一四分五裂之局面。故彼时商业之特征，亦仍为向外而非向内。中央王权既有赖于商人之拥护，而国家财政亦凭藉国外通商为支持，政治与商业，二者乃常密切联系而不可分割。专就英国言之，其例自显。彼固以海军与国外商业立国，其先则商船、海盗、军船，三者常混淆不易辨。盖国内之商船即可以为国外之海盗，而国外之海盗即可以为国家之军船。彼邦今日之所谓上流社会gentleman，其先人往往即海盗，此在彼邦固不讳言。统治印度之总督衙门，其先固是一商业公司，此尤大彰明较著者。故彼中史家谓自十八世纪中叶以前一百四十四年间，英国对外战争六十六次，其发动皆在毁灭敌国之商业。即以今日论之，所谓"殖民地之重分配"，所谓"欧洲新秩序"，所谓"海上自由"，何莫非是。若就中国言，一政府居于广土众民之上，彼固无俟乎以国外商业为维持。中国之对外贸易，常不过为滨海或边塞贫民，放任其自谋生计而已。若进而足以引起对外国际间之斗争，对内社会上贫富过度之对立，则其事常为政府所不乐，而时时加以阻抑。故在明代，如梁道明、陈祖义之类，虽亦能称雄海外，王据一方，而因无本国政府之助力为之后盾，其势终不能久。此在中国传统观念视之，仅亦如虬髯客之流，目为破格之人杰而止，固与整个国家政治社会文化演进之理想不相洽。此其不同者又一。

然则中国自秦以来，虽国内国外商业皆已有相当之发展，而绝不能以资本主义之社会目之，又断断然矣。

四

中国自秦以后之社会，既非封建社会，亦非商业资本主义之社会，具如上论，然则中国自秦以前，其固为一封建社会乎？曰此若近似矣，而实际复不同。西洋中世纪封建时代之社会阶级，有骑士、有教士、有田主、有农民。彼中第十二世纪某主教之言曰："上帝之世界凡三重，有战争者、有剥削者、有工作者。"此西洋封建社会之面相。中国当春秋战国之际，亦有所谓"士"，然而异乎所谓骑士教士者。士职不在战争，亦不在传教，而在从政。进不得从政，则退而善俗。孔子曰："学而优则仕。""三年学，不至于谷，不易得也。"又曰："学也禄在其中矣。""士志于道而耻恶衣恶食者，未足与议也。"孟子亦曰："士尚志。""出疆则载贽，三月无君则皇皇如也。""志士不忘在沟壑。"又曰："穷则独善其身，达则兼善天下。"管子之书亦言之，曰："圣王处士必于闲燕，士群萃而州处，父与父言义，子与子言孝，事君言敬，长者言爱，幼者言弟。""使士之子常为士。""非信士莫得立于朝。"而士之来源则常在农，管子曰："农之子常为农，其秀才之能为士者则足赖也。故以耕则多粟，以仕则多贤，是以圣王敬畏戚农。"又曰："制国以为二十一乡，商工之乡六，士农之乡十五。"

故中国社会有特殊之点三：

一、特有士之一流。

二、士常出于农民之秀者，后世之所谓耕读传家，统治阶级不断自农村中来。

三、工商与士农分品，故中国传统政治常重农，而工商资本常不能发展。

故中国古代封建社会之崩溃，贵族特权阶级之消灭，其事不由于商业新城市之兴起，不由于工商资本之得势，而由于儒墨百家九流之学所谓"士"之崛兴。试一披春秋、战国史乘所载，一考自孔子以来迄于李斯，诸子百家在当时学术、思想、政治、社会各界实际所占之地位及其所有之影响，则不烦言而明。

中国古代封建社会之内容及其所以崩溃之原因，既与西洋中世纪不同，故继封建社会而起者，亦与欧邦有别。汉代之所谓孝弟、力田、茂才、贤良，此即古者农民之秀才为士而立于朝之旨也。官吏不得经商牟利，此即古者士农与工商分乡之意。贤良察举以及官吏不得经商牟利之禁，此皆发自董仲舒，此即远承古代儒家"士治"主义之理论。故自武帝以来，中国政府之组成，既不在于贵族，亦不出于军人，而为一种建立于民众信托之上之"文治政府"。盖操之于非宗教、非封建、非专制、非商业资本之另一中层阶级之手。此即后世之所谓"乡绅"与"读书人"，此即封建时代所谓"士"者之化身。彼辈之经济背景则曰耕读传家，彼辈之宗教信仰则为儒家思想与家族观念，所谓"诗书孝弟"，此即融历史、民族、传统文化与小我生命而为一；自人心之孝弟推而有家族，自家族推而有国家民族之传统，自国家民族之传统推而有历史文化之敬仰。所谓诗书者，此即一民族国家历史文化传统之所寄。故重孝弟非自私，尚诗书非守旧。农民之秀者，受此等教育之培养，乃可以信托而付之以国家民族之政权。至于从事于工商业者，其志常不免营营为身家谋财利，此非理想中之信托人也，故国家之政权，常靳而不与焉。（注四）然则中国社会之传统精神及其理想目的，有可得分析历举者：

一、常求农村经济之活泼繁荣，常使有秀民出乎其间。

二、国家常重视教育与考选制度，使秀民常得成材以立乎朝而主政。

三、通商惠工，常使四民乐业，而社会勿有过贫过富之判，又常使行政者与牟利之途隔绝，使政治常保其清明。

当汉之初兴，在上惟宗室与军人，在下惟货殖与游侠，盖在上者乃古封建社会之遗型，在下则商业资本之新兴势力。（注五）当是时，苟非有一理想控纵之、驰骤之，使之改途而更向，则中国社会或可以走上欧西之路径。乃自武帝董仲舒上下相应，以儒家言治天下，国家设学校，兴贤察孝，在上既不恃宗室与军人之私势力，在下亦不许豪家富人之横行，不久而全局为之改观。自宣帝以下，非儒生明经学，即不获入政治，亦无以见尊于社会，故曰"黄金满籯，不如遗子一经。"自是而儒林独行代货殖、游侠而起。故秦始皇为中国创统一之局，而汉武帝则奠其文治之基。其间一再顿挫，先则僵化于东汉以下之门第，而复回苏于隋、唐以来之科举。唐人好大喜功，黩武成灾，又颠簸于藩镇之骄兵，而复再定于宋人书院之讲学。惜乎宋之于唐，矫枉而过正，国力不竞，屈辱于辽、金，覆亡于蒙古。

自元人入主，而中国传统社会之面目为之剧变。当是时，则有皇室、有贵族、有军人、有僧侣、有商人、有地主、有书吏、有医生、有工匠、有农民，而中国社会自先秦以来之所谓儒士者，则骤失其地位，而下与乞丐为伍。若求中国社会貌相之较近于西洋中世纪者，盖惟此时为然。然中国自秦以来传统统一政府之形式固犹未破弃而尽。当是时，阶级与阶级互相冲突，商人与僧侣迭为领袖，循此推演，移步换形，或可走上欧西今日之路径。而明祖光复，中国传统社会之精神得以再兴。

然而明代之不胜其弊者，在上则废宰相为专制之阶梯，在下则行八股为人才之斲丧，循至政败于上，俗败于下，而满清入主。清之与元又不同，盖不欲以剧变激动中国之人心，而其欲遏塞中国社会之传统精神而绝其生命，则一也。故其废宰相如故，行八股如故，而加之厉行文字之狱，刀锯鼎镬，锉尸灭族，无所不用其极，又屡屡烧书，威胁利诱，钳制学者使噤默不敢一舒其气。而乾、嘉以下之社会，遂循至土崩鱼烂而不可收拾。

此中国先秦以来二千年社会隆污盛衰之大概。先秦百家之兴起，汉之察举，唐之科第，两宋之书院讲学，此四者，盖赋与中国传统社会以生命而又营养之者也。故稍稍治中国史，言学术必曰先秦、两宋，言政制必曰汉、唐，职此故尔。

五

然则中国传统社会，将谥以何名，锡以何号？曰，此已先言之，西方学者所论社会形态，要本于阶级之对立，若泯其阶级，则社会形态根本无可辨。盖西方乃阶级对立之社会，而中国则融和阶级之社会，乃超阶级而泯之一社会也。故凡以西方学者所论社会形态，按之中国，常有其相似，而终见其不相似。然中国社会不许有阶级之对立，而常严"流品"之辨。故西方社会之乱常起于阶级之冲突，而中国社会之乱则常起于流品之漫失。

今之学者，闻言流品则颦蹙，闻言阶级则色喜，若惟恐阶级意识之不鲜明，又惟恐流品观念之不漫灭。然则，若而人者，盖惟恐社会之不乱而已。生乎其心，害乎其政；发乎其政，害乎其事，而惜乎其不自知也。虽然凡此云云，亦仅指自秦以来迄乎清代乾、嘉之际则然耳。若自海通以还，道、咸而降之中国社会，则其色相与精神又复大变，不得以前说律之。盖中国社会之对于经济，常有一传统观念为之控勒，即不使有大贫大富之对立是也。孔子曰：

贫而乐，富而好礼。

此中国人理想中贫富之界线。荀卿亦言之，曰：

使欲必不穷乎物，物必不屈于欲，两者相持而长，
是礼之所起也。

董仲舒又言之，曰：

大富则骄，大贫则忧；忧则为盗，骄则为暴，此众
人之情也。圣者使富足以示贵而不至于骄，贫者足以养
生而不至于忧，以此为度而调均之。

故中国人非不言平等，而平等有宽度，常使富者能好礼而不至于
骄，贫者能乐而不至于忧，即平等矣。富者逾其限，使不能好礼
而陷于骄；贫者不及限，使不能乐生而陷于忧，是为不平等。中
国人亦主有自由，而自由有节限，即以平等之宽度为自由之节限。
若富逾限，贫不及限，则政府加以调均，否则尽其人之自由。故
通商惠工，悯农恤贫，皆所以使其不至于不及限。受禄者不争业，
治业者不授官，皆使其不至于逾限。中国社会之所以谋长治久安
者在此。

中国未尝闭关自绝于世，然西北西南凡异族之与我以商货相
贸易者，亦各止于通有无，所谓"物不屈于欲，欲不穷乎物，相
引而长"。虽有治乱盛衰，要之中国社会传统精神常在是。及乎

道、咸以降，而情势大变。其变之权则不在我而在人。盖欧洲之所谓通商，其先即为一种集团之斗争，其后又济之以国家政府之武力，其事乃与中国传统商业观念所谓"通有无而牟什一之利"者大不同。盖彼辈必沦商场为殖民地，然后可以畅其尾闾之泄，然后可以恣其敲剥、快其朘吸之求。故商场即战场。彼中商人足迹之所至，常不啻铁骑之蹂践，炮火之轰炸。如鸦片之强卖，租界之占领，关税之攫夺，此种通商，乃非所谓通有无，而实为资本主义之侵略。中国对内既常不许有高度资本之发展，而对外则无以拒高度资本之入侵。中国社会内部，虽不许有贫富阶级之对立，而其对外之关系，则不能摆脱贫富之相形。于是近百年来，中国社会在其对外关系上，则陷为一破落赤贫阶级而无以自拔，此等形势，为中国社会创古所未经，惟孙中山先生巨眼识破，谓中国乃一次殖民地的国家，则今日之中国社会，实乃一次殖民地的社会。

今日中国社会中未尝无封建势力，亦未尝无资本势力，（注六）然而此等势力皆不滋生在吾社会之内部，而特凭藉外力以凌驾跨肆于吾上。所谓殖民地者，其地乃专供某一国商品之倾销，专为某一国敲剥其体肤，朘吸其膏血。而次殖民地则群喙所啄，群爪所攫，惟有开放门户，以待四方诸强之恣其敲剥、快其朘吸之机会之均等焉。在此社会中，而有翘然特出者，则必买办阶级仰仗外力以沾溉其余膏剩馥者。

西方学者每言经济决定思想，若此论而确，则中国社会今日所流行之代表思想，亦即一种次殖民地之思想也。今日国人谈文化、谈历史、论政治、论社会、言建设、言改造，莫不引经据典，以西洋为依归。不曰英美，则曰德意；不曰德意，则曰苏联，群言庞杂，莫衷一是，而一是于西洋，此正次殖民地思想之最好标记。

六

故今日中国而不言建国则已，若言建国，首当先自摆脱其次殖民地之地位。中国欲求于次殖民地之地位自拯自拔，则首当有以抗衡外来资本主义之侵略。而于此则又有难者。中国社会之传统精神，既素不许有资本势力之产生，一旦欲尽变其故常以与欧、美传统资本主义相角逐，此一难。中国之沦而为次殖民地之地位者已历有年数，一旦欲奋然自脱，而外力又层层压迫，不使如志，此二难。

盖中国社会之组织，有与西方根本相异者，彼为滨海文化，而我则为大陆文化，彼为城市社会，而我则为乡村社会，此其判然不同者也。彼自希腊市府经罗马建国而迄十四、十五世纪文艺复兴时代意大利诸城市以及北欧诸城市下逮今日各民族国家之完成，盖莫非以城市社会为中心，彼中常以中古时期之封建社会目为农业文化之楷式，今以观之，彼中之中古时期，特彼土传统文化中一顿挫一变象，若论大陆农业文化之代表，则在我不在彼。

城市社会之文化，常以个人之自由乐利为结合，而以商业资本之向外流通为凭藉，内之则尚契约而有宪政，外之则尚侵略而有武装。乡村社会则以氏族之天然聚落为结合，以勤生产而俭消费为经济之保障，以忠孝诚实相互信托为政治之基础，以和平自足为对外之信条。两者相遇，乡村常若见绌于城市，而截长补短，通大体而论之，则亦互有胜场，而乡村社会常自有其坚凝不败之定力焉。

旷观近代各国，英伦可为传统滨海商业文化之模范。德、法两国之质地，似可兼带大陆乡村文化之倾向，而未能发皇畅遂以臻成熟之境，此皆徘徊瞻顾于两途之间，而终不敌其滨海城市传统之薰染。苏俄则纯粹以大陆国而受滨海城市文化之抚育而长成。美国则以滨海城市文化之嫡系而出居大陆之家庭。要之，彼等皆滨海文化之血胤也。独有中国，乃以四千年之积累，为大陆乡村文化树一举世无二独特之标帜，岿然如鲁殿灵光之独秀。际此商业资本势力弥漫天地叱咤风云之会，我社会欲求自存，则计惟有"民族集体造产"之一法。

所谓民族集体造产者，既不背大陆乡村文化之传统，亦庶有以抵抗外来经济势力之压迫，而所以肩此民族集体造产之重任，而为其主持领导之中坚者，则仍有待于国中之优秀智识分子，即传统之所谓"士"者身先之。故今日之士职，乃当于从政善俗之外，又益以"兴业"与"厚生"。而此兴业厚生者，实乃往昔从政善俗之新方面，仍当与众人小己之皇皇求私财利者不同。必如是而后中国民族经济始有一出路，中国次殖民地之地位庶有摆脱之望，而自本自根之建国大业，始有其基点。否则徒震惊歆羡于欧洲资本主义之猖獗，而误以个人自由阶级斗争为民族回苏之秘方，鄙弃中国传统文化于不顾，则惟有常此沉沦，陷于历劫不拔之苦窟而已。

注一：一八七六年出版之《新风土记》New Dme Domespagsdag Book，内载英格兰及韦尔斯仅四千个地主，即占总面积七分之四。其间贵族的地主约二千二百人，已占总面积二分之一。又十九世纪初叶俄国农民，概属于占有全土九成的贵族十四万人所有。每周须有三日在领主直属地劳作，与西欧中世纪中叶之状况无异。一八六一年始发布解放贵族隶农令，被解放者达二千三百万人，解放土地达三亿四千万英亩。此等现象，盖为中国历史一向所未有也。惟法国农民泰半属自耕农户，然此亦非所语于中世纪之情况。

注二：城市乃西方一种独特之形态。当中世纪时，城市有其自己固有之法律与法庭，在某种范围内有自治的行政组织。城市常为由誓约结成的团体所产生，而非自然的聚落。盖其最先为一种防御团体，自行武装、自行训练，乃一种在经济上有自己防卫力者之团结，而成一种商人军队。而战争亦使城市日趋富饶，长期之和平，乃为市民所不耐，中古时代之商业，乃城市与城市间之商业，非个人或国家间之商业。商人并非独立，而仅为其同业公所中之会员，其时各城市民，虽同属一国，亦相视如异族然。其后城市富人之势力日增，国王乃始召集城市代表商议国政，并乞其输款以裕国库，而城市始渐与国家混合。西方市民阶级之概念，乃完全与资产阶级之概念相当，一面与贵族教士对立，而另一面则与无产阶级对立，此乃西方人所特有之概念，在中国社会又绝无此等例子。城市产生政党与市民政治（即民主政治），城市又产生艺术与科学，城市又产生宗教制度，犹太教完全为都市产物，而古代基督教亦与都市有密切关系。然则谓西方文化乃一种城市文化固甚贴切，而此种城市在中国历史上固绝难见其踪影。

注三：法国在十七世纪末叶，通国仍只有三分之一属于完全自由的交通区域，德、意两国之统一，则入十九世纪以后。无怪马可·波罗遍历中土诸大城市，诧为奇异矣。

注四：董仲舒政策，谓"受禄之家食禄而已，不与民争业。夫皇皇求财利，常恐匮乏者，庶人之意也。皇皇求仁义，常恐不能化民者，大夫之意也。居君子之位，而为庶人之行者，其祸患必至矣。"

是庶人忧匮乏，固为君子之所恕，而君子既受禄，则不当复忧匮乏。至于专谋私家富厚，更非君子所当为，此乃儒家传统思想，而奉为历代政治上之戒律者。《唐六典》："凡官人身及同居大功已上亲，自执工商，家专其业，皆不得入仕。"又曰："工商之家不得预于士，食禄之人不得夺下人之利。"又曰："辨天下之四民，使各专其业。凡习学文武者为士，肆力耕桑者为农，工作贸易者为工，屠沽兴贩者为商。"又曰："工商皆为家专其业以求利者，其织纤组纴之类非也。"此近世湘乡曾文正公所以身为显宦，而时时督其家庭妇女为盐菜织布等细业。然而此等风格与意义，乃绝非现代中国官吏之所与知矣。

注五： 汉初游侠亦变相之货殖也，此层详于拙著《国史大纲》。

注六： 彼土学者自言殖民有封建的殖民与资本主义的殖民之辨。大体西班牙、葡萄牙对殖民地常取封建的形式。荷兰、英吉利则取资本主义的形式。苏维埃操纵第三国际，殆有意为共产主义的形式之殖民欤。

（一九四一年十一月《思想与时代》月刊第四期）

三、农业国防刍议

一

中国一大陆农国也，遍国中皆农村，遍国人皆农民。使中国而有军队，必为农民军队。使中国而有国防，必为农业国防。此事理之至昭显者。抑且惟农民，强韧笃实，乃为理想之战斗员。汉、唐武功赫奕，马其顿之胜希腊，罗马之灭迦泰基，皆仗农民军队。即论近世，拿破仑之震轹全欧，普鲁士之崛兴，俾斯麦之叱咤风云，亦皆农民军队。当今德、苏鏖战，会师数百万，联阵数千里，以决进退赌国运于枪林弹雨之中者，亦以农民军队为主干，为中坚。今虽科学日新，机械万变，大洋之舰艇，高空之飞机，千奇百怪，层出无已，然两军决胜之基点则仍在大陆，军队组织之纤维则仍属农民。继此以往，惟有大陆农国，武装精备，始足以龙飞鹰扬，得志于天下。否则虽有艨艟千艘，云垒万架，苟无大陆步队之配合，不足以邀最后决定之胜利。世变虽亟，此理可悬诸国门，无待卜筮。

夫言国防，披幕抉障而如实言之，则亦曰"富强"二字而已。国富兵强者有国防，国贫兵弱者无国防，此两言而可决者。故为中国谋国防，即为中国谋富强耳。欲富中国，先富农村；欲强中国，先强农民。使中国农村皆富，农民皆强，则中国之国防已立。若农村凋残，农民疲癃，徒有坦克重炮，飞机巨舰，如披铁甲于羸夫之身，只自速其僵仆。则请言所以富农村者。

二

吾尝行于野，见良田美畴，眺望无际，而村舍皆茅茨，农民裋褐不完，异而询之，则所耕非其田，皆城市富人之田。夫豪强兼并侵凌，自古而患之，必耕者有其田，而后农村有富足之望。抑不尽于此，中国农业之盛，莫盛于长江一带，然其田亩皆畸零割碎，有小农，无大农。极而言之，即使耕者有其田，八口之家，夫妇戮力，胼手胝足，得不冻馁，已为小康。何以自竞于此万国工商角逐之场？故欲谋富农村，厥有两道。一曰农田私有，二曰农田公有。惟其私有，乃可以避兼并，免剥削，期于均平。惟其公有，乃可以通力合作，分工互利，运用机械，大量开辟，期其丰盈。其镕冶公私两有之性质于一型者，即是中国历古相传之井田制度。

挽近疑古成癖，井田之良法美意，久不为学者所称道。抑北魏之均田，唐代之租庸调，岂不犹师井田遗意。惟在古则不患寡而患不均，在今则人我相竞，惟寡之患。故必既求其均，又求其足。必既均且足，乃可以自存于今日之国际，则魏唐均田犹所不逮，而当反之古者井田公耕互助之旧法。古者一夫治田百亩，略当今三十亩余耳。因地之宜，就人之便，或以十夫为一村，或以百夫为一村，则一村之田，可有三百亩乃至三千亩。古者八家共一井，共治公田而又各治其私，守望相助，疾病相扶持，而有无相通焉。今使十家百家共一机器，亦使共治公田而又各治其私。惟古者公田少，私田多，今当反其道而行之，以公田为主，今之公田即私田也，特私有而公耕之，以省人力。复有私田，则供园蔬欣赏，备私怡悦焉。其守望相助则有村警察；其疾病相扶持，则有村医院；其有无相通，则有村银行、村金库、村合作社与村保险行。略以今之一村，当古之一井。荡其阡陌封疆，广畴平田，规为大农。运用新式机器，以丰其收获，而建根宁极于吾皇古先民历久相传之美德懿风，以厚其基而固其本，使民族文化与时代经济相融协，内圣外王，物阜民康，必始于是。

夫古之所谓井田，亦不过为一种公耕互助之农村而已，非谓尽天下之地，必罫而方之，井而九之也。故井田之外，有森林、有牧场、有塘堰、有矿冶，斧斤之利，鱼鳖之养，牛羊犬马之畜，金玉宝藏之产，则惟贵族巨室之私而擅之。今当变其意，相地之宜，因物之便，于农村之外，规为林区、牧场、渔塘、矿山，或归国家官有，或归诸村公有，而私家之擅则禁。若道路之修筑，城郭之兴建，河渠沟洫之疏浚，凡大工程大兴革，古者皆由贵族督导农民通力公为之，今亦师其意，变其法，或由国家率领，或由农村自治，一出于通力公为，而去其贵家巨室之私指挹焉。

夫中国，农国也，故富国必富农，而富农之道，又不尽于上述。农作之，工成之，凡农业之生产，必经工事之完成。否则有作无成，犹如不作。工农不配合，仍无以自立于今日国际财货竞进之场。古者凡工业皆设官世袭，有陶氏、有匠氏、有皮革百物之专氏。此皆农民之俊巧，食于官而专其业，世其职而不迁，而为贵族巨室之供奉。今复当师其意，变其法，不属于贵族巨室而属之国家，或归之诸村公有，集十村百村之所产，可以有一纺织厂或皮革厂，由是推之，而由国家设为学校，教之专业者司理之。

农之所产，工之所成，其相与通有无而交易者则有市集，有商贾。古者井田之世，商人亦由贵族御用，一犹工人之世其职而食于官焉。今亦变其法，师其意，凡商贩之业，大者隶于国，小者属诸村。若是，则工商百业皆以富农而利国，不复蠹农而病国矣。

古者村必有社，社之为道，礼乐之所寓，鼓舞之所寄。教之乐之，皆托于社而存。后世村集必有神庙、有佛寺，报本反始，祈祷戏赛，以兴以群，以观以怨，文学艺术皆由此启，宗教风俗皆由此播。故农村丰乐，则诸务皆起。农村凋敝，则诸务皆衰。一国之宗教风俗，文学艺术，礼乐所本，皆视农村经济荣枯以为之准。深观微辨之士，必有以默喻其所以然者。

古者农村有贤父兄、贤长老，其生也，称乡先生或为乡大夫，没而祭于社。后世有乡绅，亦其遗也。退而治其乡者，进则治其国，而为公卿士大夫。乡之于国，上下一气。故孔子观于乡，而知王道之易易。

三

夫中国，农国也，农村犹中国之心脏。言经济者必以养农为先，而后可以足国，犹人之血液集心房，而后可以养身。挽近百年以来，中国处列强财货角逐之场，漏卮日增，农村破产，此如血不归心，心房日缩，血行日竭，百脉营卫，皆趋枯槁。其不大病而死者几希矣。今不以复兴农村为首务，而高谭国防，是不揣本而求末之齐，譬之筑浮屠于流沙之上，颠危倾颓，有不可立而待者耶。

故今日而求振国防，其本必先兴农村。农村丰足，则农民皆健男壮丁。农村凋敝，则农民皆瘦夫羸卒。昔北周创为府兵，籍民六等以上有才力者为之。夫六等以上，皆中上之家，故得武勇成群，以开统一之运。隋、唐踵其成法，而兵威震烁于异域。宋人募兵，其先尚有兵样，然以兵样募兵，是仅问其身，而已忽其家，虽得武健，不足以成纪律之师。久之则既忽其家，不复得再问其身。所养皆尫瘝，唐、宋武力不堪并论，此其一端。古今未有集疲癃而可以成雄师者，未有会羸劣而可以为劲旅者，亦未有食不饱，力不足，而可以称纠纠武夫者。故强兵必先富民，此又不烦论而自定之说。

且民贫则愚，民富则智。愚则怯弱，智则精强。今日兵争，先恃器械，斗智急于斗力，故兵队不仅需壮夫，又亟需智士。孔子有言，既庶且富而后教，又曰："以不教民战，是为弃之。"今日之战，更不可以无教，而今日之中国，则虽庶实贫，非先富亦无以施教，故曰"复兴农村实为国防之首务"。

昔管仲教桓公，作内政而寓军令焉。制五家以为轨，轨为之长。十轨为里，里有司。四里为连，连为之长。十连为乡，乡有良人，以为军令。故五家为轨，五人为伍，轨长率之。十轨为里，故五十人为一小戎，里有司率之。四里为连，故二百人为卒，连长率之。十卒为乡，故二千人为旅，乡良人率之。五乡一师，故万人一军，五乡之师率之。卒五之人，人与人相保，家与家相爱。少相居，长相游。祭祀相福，死丧相恤，祸福相忧，居处相乐，行作相和，哭泣相哀。夜战声相闻，足以无乱；昼战目相见，足以相识；欢欣足以相死。是故以守则固，以战则胜。今推此意求之，欲为寓兵于农，则古者丘井连乡之意足法。欲为寓农于兵，则后世北周、隋、唐府兵之制，明代卫所之规可仿。管仲曰，军令既寄于内政，而甲兵寡，犹未可。今日高谭重工业建设以为国防基础者，此皆患甲兵之寡而谋其所以足，乃治兵，非振旅。治兵非不急，而振旅尤为先。足兵非不要，而足食尤为本。居今而求振旅足食，则莫如复兴农村。居今而求复兴农村，莫如远师井田遗意，近规大农新法。使农田皆私有而公耕之，斯于经济、武力、文化三者融彻一贯，庶乎王霸兼行，富强之与教化，内政之与军令，合一而并举。则请复更端而重论之。

四

夫中国，农国也，农之病在于散。中国之离封建也远，民之散久矣。顾亭林《日知录》，尝低徊其言之。河东裴村之记，可谓忧深思远。孙中山先生唱导革命，至引会党以自重，亦不获已也。顷读潮阳陈翁论国防，主兴宗法以为之本，亦有见于此矣。

然古者"老吾老以及人之老，幼吾幼以及人之幼"。善推此心，可以保四海，四海之内皆兄弟也。扩此仁孝恻怛，又何限于宗族之阈。古者合庙而祭为同宗，合旗而战为同族。国之大事，惟祀与戎，贵族之编制以宗族，而庶民之编制则以乡井。今封建已隳，贵族无存，氏族相纠，不如乡里相团，与其求复宗姓，何如重整乡井。此其一。

《大学》言"修身、齐家、治国、平天下"，此乃千乘百乘之家，非五口八口之家也。夫五口八口之家，父子兄弟夫妇之至戚，岂有身既修，而闺房之内，骨肉之亲，犹有不齐之理。故知古之齐家即为"乡治"。田子泰在徐无山中，纠合宗族，并及乡党。横渠张氏，蓝田吕氏，规复井田，创制乡约，宗族邻里，义不相害。古昔封建之世，自当以宗族率导乡里，今者庶民为政，复当以乡里孕涵宗姓。故古言"敬宗恤族"，今当言"敬乡恤里"。古言"齐家"，今当言"齐乡"。此亦道与世为隆污之一端也。顾乡何以齐？曰齐之以氏姓，不如齐之以衣食；敬之以宗庙，不如敬之以田里。若复古井田之制，使吾民得通力合作，有无相共，本诸衣食而为教化，而涣散之民可以复聚，其为国防之要，当无有更切于是者。此其二。

化为大农，可以用新式机械，可以用新式灌溉，新式施肥，可以省人力而增收获。可以分工易事，凡畜牧饲养蔬果林鱼之利，皆可以化零为整，取精用宏，丰饶百倍。此其三。

农村既富，农产饶衍，工业随兴。凡纺织、陶磁、制纸、制革一切生活日用新旧工业，民富则易教，智发则易奋。工业建基，必本于此。此其四。

工农配合，国力充盈，然后对内可以建军，对外可以通商。商之与军，始不为吾病而为利。否则工窳农楛，民生憔悴，建军则增其负担之重，通商则速其腠吸之竭。以建军通商求富强，而不以工农奠之基，是与影竞走，终不可及之数也。此其五。

抑更有进者，乡举里选，本周、汉以来相传旧法，中国传统政治所寓之民主精神，即托基于此。中山先生《建国大纲》，亦以县自治成立为宪政开始，而县自治之完成，尤必植本于农村。故农村者，实中国历古至今之政治基点，国家大本所在，政治经济，皆于是焉肇始，亦皆于是焉归宿，溯古证今，无二致。若农村凋残，农民疲敝，则如木无本，如水无源，政治失其重心，纵复永永钞袭稗贩外洋之貌似，得其皮毛，丧其神魂，虽有百变，无可一成。必使农村富力充沛，农民皆因富得教，因教得学，夫而后退可治乡，进可治国。今以后将以公耕合作之新农村，为建国建政之水泥钢骨，庶乎上符传统文化本源，旁适世界潮流新趋，康庄坦途，由此发轫。此其六。

西方文化，一彻头彻尾之商业文化。商业文化，肇始于都市，亦归宿于都市。都市愈扩大，财货愈集中，商业文化即渐趋熟烂而腐败。中国则为农业文化，农业文化肇始于乡村，亦归宿于乡村，乡村愈繁荣，资产愈散布，农业文化之生命，乃益悠久而安定。古希腊、罗马以及近代西方商业文化，既达饱和沸点，即感惴惴不可终日，而中国文化绵历五千年，所以深根宁极，日扩而益大，每转而益进者，皆在此。今西方商业所以突飞猛进，盛极一时，因与新工艺相配合。然工商配合不如工农配合之强韧而坚实。中国前途厥有两歧。一者原本传统农业精神，而以新工艺扶植而护翼之，就农业基础加建新工业，如以老干萌新条，此一途。否则外炫于异域工商盛势，原田每每，舍旧谋新，如溃颓堤，洪波泛滥，使外洋工商大澜汩汩流入，淹灭旧农业而促其沉沦，此又一途。洪澜横决其势骤，老干萌新其事缓，然孰得孰失，必有能辨之者。惟欲求老干萌新，不得不先事于培壅翦剔，则创为公耕合作之新农村，其要著也。此其七。

古训有言，兵犹火也，不戢将自焚也。强梁者不得其死，古今灼例，更仆难数。惟农业文化独为和平之文化，亦惟农业国防，始为持久之国防。今而后言国防者苟仍宝我和平，戒其强梁，则舍农业国防无可取。果师井田公耕之意以求其均而足，法府兵卫所之制以期其强而固，以保甲社仓为治安，以书院乡约为教化，工厂则附丽于田野，城市则融贴于乡村，政俗文教则导源植本于农业，兴国争存则归宗复始于传统，如是则不与富强期而富强自致。以言国防，莫固于是矣。此其八。

五

或曰，子言诚可歆羡，然井田之难复久矣，子何言之易也。曰，是不然。北魏均田，明代卫所，其实皆井田遗意也。战乱之后，人士流徙，田陇失主，诚使国家预立规模，因其机宜而整理之，事不甚难。今者，抗战已逾六载，内地农村之流离破坏，畎亩无主，屋舍为墟者十三四矣。边区旷地，可以移民垦殖者，十亦一二。是田之可均，村之当新者，几已强半于国中。昔有经乱招垦，国家多为之立草舍，备耕器。今使政府先事绸缪，为之规建新村，使十家百家联楹合栋而为居，俭于茆茨，而适如华屋。又为之散给机械，教以新法，播种省力，余夫必多。再为之经营措置，有鸡坿，有豕圈，有牧场，有鱼塘，有森林果园菜圃之属，各各分工而治。其生事所需，较之畸零割碎，以旧法五口八口小农分耕为活者，必丰衍百倍。生业既丰，则为之设学校，建公墓，立礼堂，创戏院，浚浴池，辟运动场，筑娱乐厅，一村焕然，千村耀目，慕效惟恐或后，乌在其为难。

或曰，子言辨矣，然物之不齐，物之情也，巧拙惰勤，尽人而异，子欲倡为均田公耕，毋乃非人情乎？是亦不然。夫工厂，集千百工人于其内，岂不亦巧拙勤惰有不齐，然工厂可以合作，则乌在农田之不可以公耕。工厂合作所得，乃为厂主，非为工人，工人所得，一日之工薪，犹尚千百工人黾勉以赴，朝夕给事无误者。今使农田公耕而平分其所获，乌见不如工厂之集事。

或曰，人情各顾其私，农田与工厂异，不可以法令部勒之，互顾其私而公务必隳矣。是又不然。今政治号民主，将使全国公民参预而共治，若使人各顾其私，又谁为法令以部勒者？必将待法令部勒，则民主政治终不成，建国终无期。吾之所谓公耕者，乃公耕其相互之私耳，而所私又近在耳目之前，使并此而不能相协以成，则国家政治乌乎得而举？故创为公耕之新村者，正所以训练其公心，使之渐习焉以进而操国政。否则一村不治，何论一国。今谓公耕农村不可能，是无异谓民主政治不可能。然则彼之所谓民主政治者，必无异为一种愚民之招牌矣。区区之意，则正以农村公耕为导民从政之一术。夫中国一大陆农国，故必有公耕之新农村，而后可以有政治之真民主。

或曰，子之陈义诚高，其奈吾民之不堪骤而企及何。曰，是复不然。吾此所论，虽若新辟，实则吾传统文化之所蕴崇趋向，固若是也。其远暂勿论，自宋以来，凡吾农村所有，保甲、社仓、书院、学田、义庄、祠堂，一切规为措置，士大夫忠诚恻怛以唱导之，而田夫工人敬谨率循之勿渝，以为中国农村维系之命脉者，其实皆是物。识时务者为俊杰，变而通之使民不倦，乌在乎一闻均田公耕之义而适适然以惊乎？故吾曰：沟通文化、武力、政治、经济而一以贯之，以为建国固防之新基者，必于是乎在矣。

潮阳陈伯瑜先生，生平无一面缘，闻声相慕，远道贻书，并辗转以其所著《国防论》书后一种"兴复宗法为国防之本"见示。有所怅触，而草斯篇。

（一九四三年八月《思想与时代》月刊第二十五期）

四、战后新首都问题

一

有些国家常有首都问题之发生，而有些国家则否，何以故？正为立国体制不同故。大略言之，国家可分两类：

一为自然国家。

一为人文国家。

前者可称为"单式国家"，后者则应称为"复式国家"。此等国家之分别，一检地图，即可得之。

如西欧古代城邦国家，其为单式的自然国家，可以勿论。即如近代西欧民族国家，依理言之，仍为一种单式的自然国家。即如西班牙、葡萄牙、法兰西诸国，他们都有自然的疆界，环绕着他们自然的民族，此之谓自然单式的国家。无论西欧科学物质方面之演进，其程度高深为如何，论其国家之组成，则依然不脱自然单式之阶段。惟此之故，英格兰与爱尔兰始终不能融和凝合，成为一体。其连合殖民地所成之帝国，又当别论。

至于中国，则自秦汉以来，早已脱离自然单一国家之雏形，而进到人文复式国家之阶段。所谓"人文国家"之意义，正指其国家之创建，全由人文化成，而不复为自然的地形与民族之隔阂所限。若中国人不能进到人文国家的阶段，则如陕西一省，所谓"关中四塞，沃野千里，东封函谷，西阻陇坂，南抵秦岭，北屏河套"，正可长为一自然单式的国家。此即古之秦国。自秦而南有蜀，四川形势，"北蔽剑阁，东锁三峡，南不渡泸，西不逾岷"，一样可为一自然单式的国家。自刘焉以来，在此负嵎立国者，亦复不知其几起。自秦而东为晋，山西地形，"西南带黄河，东北倚太行，所谓表里山河"，依然可成一自然单式的国家。雁门之外有代，五岭之南有粤，皆古之建国。论中国地理形势，不晓得可以划成几多的自然国家。中国人在科学物质方面之演进，较之西欧诚见逊色，然论政治人文，则中国人之伟大表见，实为举世莫匹。中国自秦以来，早为一人文复式的国家，与欧西传统的自然单式国家大异其趣。此为本文讨论首都问题所欲首先提出请人注意之一点。

在自然单式国家之首都，自有他显明的客观自存的地位，用不着讨论。此如英国之伦敦，法国之巴黎，德国之柏林，都有他们的自然形势，交通经济各方面，有他们的自然价值与自然地位。譬如一人之身，孰为头脑，孰为胸腹，不辨自明。然使多人集合，如会议，如学校，如军队，则孰为头脑，孰为胸腹，不得不别具意匠，经营创造，而非自然呈现。因此在人文复式国家，首都之选择，实为一至重极要之事。一国家之规模与精神，只看其首都之选择，已不啻如示诸掌。中国自秦以来二千年，首都所在地，时时变动，正为此故。

二

　　大抵一国家的规模与精神，有时取顺势，而有时则取逆势。有时守静态，而有时则守动态。取顺势守静态则为退婴时代，取逆势守动态则为进取时代。

　　中国地形，西北高而东南下，山脉河流，全从西北趋向东南。气候则西北寒冷，东南和煦；物产则西北梏瘠，东南丰饶。因此中国人之向东南发展，常在一种顺境静态下完成之，而不免带有一种退婴之象。中国人之向西北发展，则在一种逆境动态下完成之，而亦带有一种进取之致。若把握住这一观念，来考察秦、汉以来二千年首都移转内部意义，便朗若列眉，一无遁形。

　　二千年来的中国，秦、汉、隋、唐为一期，宋、元、明、清为又一期。姑以秦、汉、隋、唐为前期，而宋、元、明、清为后期，则前期中国主要在西北，后期中国主要在东南。前期中国大势为进取，而后期中国大势为退婴。前期中国之首都常在洛阳与长安，后期中国之首都则在汴京与北平。南京在前后两期中均曾取得国家首都之资格而绝不见其重要性。兹再一一分析论之。

　　秦、汉、隋、唐时代之中国，其立国重心尚在黄河流域。当时立国形势，则东西横线重于南北之纵线。战国人群指秦为西方，六国为东方。当时西方以武力胜，东方以文教胜。秦人统一六国，乃西方之武力战胜东方之文教。其时秦都咸阳，尚沿袭旧的自然单式国家即战国时代之秦国之遗蜕。及汉高祖崛起丰沛，平定天下，即天子位于定陶，而正式建都则在洛阳。洛阳乃东周以来东方之首都，汉以东方人得天下，自愿建都东方。时独娄敬、张良劝高祖西移关中，高祖以问群臣，群臣皆山东人，争言其不便。

而高祖独听娄敬、张良之谏，终往长安。其时匈奴河南王、白羊楼烦王，去长安近者七百里，轻骑一日一夜可以至秦中，而秦中新破，人民稀少。汉廷遂大徙六国强宗豪族以实关中，此后屡世奉行，成为故事。并定陵寝移民之制，直到汉元帝时，此制始废。亦直到此时，关中人户始充实，匈奴外患始平息。关中虽称沃野，然实不足供养一首都。在六国秦时，及汉、楚相争时，已颇仰赖巴蜀与汉中。及西汉建都长安，岁漕东方粟，中流砥柱之险，劳费甚大。其时文化经济皆在东方，而敌国外患则在西方，汉代所谓关东出相，关西出将，大抵朝廷大臣皆籍山东，而陇西六郡已为边塞，人习武艺，皆以良家子从军，备羽林宿卫之选。循此数端论之，西汉之都关中，实取逆势。若顺势自然则不如都洛阳，一则可远边陲风尘之警，一则朝廷官僚皆来自东方，一则可省转漕挽粟之劳，又一则可省移民徙家之苦。西汉至元帝时，乃复有主迁都洛阳者，如翼奉之徒是也。此等理论酝酿已久，及东汉光武中兴，乃建东都，更不西赴长安。当时如班固、杜笃之伦，皆致称叹。若论军事形势，则长安地近羌、胡，实嫌豁露，洛阳乃中原腹地，又可反锁函、潼以自固，故东汉常不以边患为虑，偶有羌祸，率主护民内徙，朝廷端居，曾不有所警策。然正以此故，东汉常为退婴的国家，不如西汉之动进。

再以文化风教言，洛阳素称中原，关中僻在西戎，《板屋》之诗，《蒹葭》之咏，其社会之荒僻，文教之简陋，自不能与洛阳相拟。故东都教化属于自生，而西京文物则出人造。诸陵不断移民，豪富大贵，游侠奸人，五方杂处，风教不淳。西京守三辅者非治剧之能吏不能胜任。东都则人民不待迁而足，风俗不待变而淳。首都附近，三河之郡，豫州、颖川、汝南、梁、陈之交，皆人才所荟萃，云蒸霞蔚，集于京国。东都太学生盛至三万人，而李膺为司隶，以风度雍容为理。此以较之前汉，若过之远矣。然正以此故，东汉始终为一种清一色的社会，不如西汉异人并出，常得度外之才。故东汉仅能守成，而西汉实能应变。

再就大体言，中国地形，既自西北倾向东南，山脉河流全向东南贯注，一切风气土物，亦削于西北而积于东南。若非有一种人力为之驱策，则东南常有沉淀壅滞之患，而西北则有寒荒剥落之象。西汉因建都关中，故东方人物经济不断向西输送，而全国形成一片，血脉常运，元气常调。东汉因建都洛阳，东方人物经济，其西上仅至洛阳而止。函潼以西，受不到东方暖气，其本土仅有之人物经济亦不断向东滑流，渐枯渐竭，终成偏痹之症。此为人文国家选择首都不当因仍自然条件之第一义。

再次则中国本为一农业文化之国家，农业文化之长处在纯一，在安定，而其病害亦由此生。西汉建都长安，正因为是一人造的首都，其自然环境本嫌不足，人物经济皆仰赖外方之接济，而其中央首脑，常带一种复杂的动进性于不自知觉之中。而此种复杂的动进性，实与农业文化之安定纯一相得益彰。东汉建都洛阳，则纯为当时农业文化之本色，虽使国民一时有调洽宁定之感，然纯一变为单调，安定变为惰退，则如以水济水，失其调剂。

再以国家形势，譬之人身，傥以中国为一大人，西汉则头脑在关中，洛阳其胸部，河、济、江、淮之下游则腹部也。头脑常在前方，故西汉立国形势，乃不断输送东南胸腹部之人力物力运向西北头脑部分，继续向前推进。头脑豁露在外，时时有清新寒冷的刺激，胸腹包蔽在内，时时有温暖安全的卫养。东汉则不然，譬之人身，将头脑倒装在胸部温暖安全处，使全身运转不灵，常见疲缓滞呆之象。在高祖初年，娄敬、张良之用心，初不过欲凭藉关中险塞，来应付诸侯跋扈的局面，乃不期而合于当时大一统建国之规模。东汉刻意振刷文治，开始即都洛阳，未尝非顾惜社会物力运输之艰难，并迁就一般东方人观念，然却种下了半身偏枯乃至疲癃不健的症候。

我们只把两汉东西都建国形势之不同，便可说明上文所谓顺势逆势动态静态以及进取与退婴之相异及其得失所在。

三

魏晋以下，中国人精力物力，更见委靡，再无此大气魄西都长安，他们仅能逗留于洛阳而止。东晋南渡，北方衣冠盛族，索性如潮水般前拥后挤相率南迁。依中国之地形与天气，东南移则顺，西北移则逆。在东汉时，江、浙、湖、湘之间，本已不断开发。东吴割据建业，东晋、南朝袭其成规。若长安为中国大人之头脑，洛阳为心胸，则建业成了尾巴。若此大人倒转方向，以建业为头部，以长安为尾巴，则形成一种逃遁畏避之状态。由建业向长安乃逆势上趋，非有精力物力之驱迈与支撑不可。由长安向建业，乃顺势下游，不烦排布，自然滑去。桓温抗志北伐，先议迁都回洛，一时过江名士，闻声反对，可见当时南方人之意态。

北魏崛起平城，至孝文帝决意迁洛，此则又与东汉都洛用意不同。东汉都洛为退婴，而北魏迁洛则为进取。北魏立国，譬之一人，乃坐北而向南，平城乃其堂奥，洛阳则为前门。魏孝文决意迁洛，用意初不专在羡慕中国之文化，其另一用心则在以洛阳为继续南侵混一江左之出发点。北魏建都洛阳，则其北方人物精力可以不断向南输送，积集在洛阳，再往南推进而攫取长江。故洛阳为当时南北所必争，桓温与魏孝文同样认识此局面。北魏之由平城迁洛阳，正犹如秦孝公由雍迁咸阳，俄彼得大帝由莫斯科迁彼得堡。然当时北魏已见衰象，鲜卑人已无高瞻远瞩之胸襟与气度，彼辈乐居故土，畏迁新邑，罕能了解魏孝文之远志。勉强入洛，即沾染中原委靡享乐的恶风尚，此正是鲜卑人内心枯竭精力已尽之明征。以当时鲜卑人之惰退委靡，无法运用魏孝文逆势动进的国策，洛阳终于解体，而北方重分为东西两部。结果依然是在周、隋两朝手里混一了中国。

倘使中国像一件器皿，它是偏向东南倾侧的，非在西北部系扣住一个重心点，他将不得稳定，永远向东南方滑下。倘使中国像一棵树，他的根柢盘固是在西北，其东南虽则枝叶扶疏，滋膏荣华，却要靠西北做命脉。倘使中国像一个人，他朝向西北是上进，他转向东南是后退。东南有享用，西北却只有磨练。东南有引诱，西北却只有打击。东南可资休养，西北则只有奋斗。西汉人早说过，始事常在东南，而收功实者在西北。中国人向以春夏拟东南，秋冬拟西北。人到西北乃见天地严凝之气，若抛了西北，则有春夏无秋冬，有温和无严凝，功实不收，生气不全。

隋、唐复都长安，正是中国人经历长期磨折后，精力复旺，气魄复振的一个极好象征。若论长安人力物力，自然条件，依然不够做首都。隋代开运河，转漕江、淮之米，又于洛阳设东都，皆以此故。若顺势自然，则将如隋炀帝流连江都，乐而忘返。唐代长安盛况，依然出诸人造。且当唐之初年，突厥正强，铁骑直到渭水北岸，唐太宗匆忙中轻骑简从，与之隔水而盟，这是何等紧张的局面。然中国只有建都长安，才能全身策动，吸集东南方人力物力不断输送到西北去。如此始得浑身血脉流贯，精神抖擞。

亦惟如此，再得奋发前进，不敢懈散惰退。道家长生术有提心化气提气化神之说，此亦是一个逆势，一个动态。全神耸动，鼓舞生养，否则顺势自然，便渐渐倒塌下去。汉唐两朝代表着前期中国之极盛时期，决非偶然。

四

五代以下，中国又入衰运。只看五代十国中间便无关、陕在内，其时中国人物精力，已不再能向西北方鼓送，因此西北在中国史上失却其应占之地位。

北宋开始混一，然北宋不论不能建都长安，抑并不能建都洛阳，而开始在汴京住下。这才注定了后期中国衰运之先兆。宋太祖非不想西都洛邑，只因顺势自然，顾念到兵粮竭乏，漕运艰难，因此留住汴京。汉高祖初平项羽，即下令兵队复员，汉初并无筹备大批兵粮之束缚与困难，因此一听到娄敬、张良之言，可以即日西迁。宋初无此力量，中央政府养兵二十万，既不能带兵西迁，又不敢弃兵东驻，只有随着军队迁就粮运，在汴京住下。宋代建都，虽说顺势自然，其实是无势可据。历代建国，无如宋人之弱者。

至于辽、金、元、清四代建都燕京，则又别有因缘。此四代皆崛起中国东北方，燕京正为其进瞰中国之前门。故此四代之都北平，正如秦孝公迁咸阳，魏孝文迁洛阳之故智，取便动进向前，临制中原。此四朝之都燕，所为者乃对内之控制，非对外之奋张。转漕江、淮以事给养，倚凭北方老巢，作为退步。虽则是同样吸集东南人物精力向北输送，而实说不上所谓血脉流贯与精神抖擞。元、清两代之中国，其内里实分两体，蒙古、满洲不肯放弃其部族政权之私心，则燕京只为凌驾中国之据点而已。

明太祖驱除胡元，定都金陵，若论当时人物精力，固已荟萃江、淮下游，在此建都，正如汉光武之定居洛阳，只能成一个静态的政治。而当时北方强敌未消，不得不特驻重兵，外重内轻，遂来"靖难"之变。明成祖毅然北迁，始一反太祖之顺势静态的退婴政策，而改为逆势动态之进取政策。明代得有四百年恢张庞大的局面，不得不说是成祖之功。

明成祖之迁都北京，实与元、清两代之建都北京，用意不同。元、清都燕，如人坐北而向南。明之都燕，则如人坐南而向北。元、清其情在制南方之反侧，明人其情在阻北方之入犯。所以明成祖之建都燕京，实得汉、唐建都长安之规模，同样为一种逆势动态的进取国策。而明代国运，亦差可与西汉、唐人媲美。惟汉、唐时代（前期中国）之形势，东西横线之重要胜过南北纵线，而宋、明时代（后期中国）之形势，则南北纵线之重要胜过东西横线，此为其异点。

东汉都洛阳，只在东西横线之中途，未能尽量吸集东方人物精力输向西方。北宋都汴京，只在南北纵线之中途，亦未能尽量吸集南方人物精力输向北方。皆不能照顾全局，未能尽量发挥人文国家之体制，故东汉、北宋皆为弱国。明代挟南趋北，与汉、唐吸东注西形势相似。惟中国地形自西北倾向东南，若重心悬系在西北，则全身警策，全身灵动。若重心悬系在东北，则西北一角终难提挈。血脉精神终有一处掉空落陷，终不能全身活泼紧凑。此明代建国规模之有逊汉唐处。若元清两代，根本又当别论，此为后期中国所以不如前期中国之主要大原因。读史者能扩开心胸，以远神眺瞩，可悟其意。若循行数墨，则将疑其言之若河汉而无极。

今再拓开一步论之，吾人从高向下，从冷就热，从旷大处向狭小处，常有一种舒服安稳之感。反之，若从低向高，由暖向冷，从狭处入旷境，则易觉有一种奋进迈上之意。而不幸中国历史人文之大趋势，则常为由高向平，由冷向暖，由旷向奥，虽若舒服安稳，而奋进迈上之意一失，则其民族精神将不免于懈弛而惰退。西汉之与唐、明，则在逆其势而加以策励与鼓舞。东汉、北宋，随势自然，则振作无从。

若以此意看欧洲史，则与中国适成对比。西欧文化始起希腊，渐次西向而达罗马。中古以还，又自西、葡、荷、法而至英伦，最近又转向大陆，自德抵苏。综其进向，乃不断由平趋高，由暖趋凉，由小地面转到旷大处。故全部欧洲史，乃若精力弥满，不断有奋进迈上之概。中国则显然有从高寒旷大滑向低温稠小之趋向。然说者若据此而认为中国民族精力懈弛惰退之证，则亦未然。何者，欧洲诸邦始终在自然国家之阶段，罗马战胜希腊，日耳曼诸族战胜罗马，高寒旷大战胜低温稠狭之区而与为代起。故罗马吞灭希腊，日耳曼又吞灭罗马，彼此即以所吞者自养。其历史虽递禅而下，其精神实互为起灭，不相通贯。中国历史则不然，中国文化乃自始即由高寒旷大处向低温稠狭而发展，而仍能保持其高寒旷大之命脉与生根。故西欧为迭仆代兴，而中国则蹶而复起。根据上述观点，最近中国之将来，实有倒挽东南人物精力重新吸向西北之必要。

今就中国史上历代建都分五区域言之，其在中央者曰洛阳，西北区为长安，东北区为燕京，东南区为金陵，西南区为成都。其他则不在讨论之列。成都仅属割据，依照地形，断无全国首都落在西南之理。金陵亦仅偏安，明初虽以南京为全国首都，只是昙花一现，不作准数。金陵适当长江下游，譬之人身，当属脐部，决非首脑之区。北平建都虽亦近及千年，然大体是东北部族政权压迫全国之一据点，只有明代三百年为例外。倘统筹中国全局，又纵揽两千年立国经验，则此后中国新首都仍当面向西北，而洛阳自不如长安之适当。兹再分端论其利害。

五

横观全世界各民族，其文化发扬灿烂一时者，莫不经历相当期间便成老去，因此近代西方人衡论文化：颇疑其亦如个人生命，不免有生老病死之必然经程而无可逃脱。独中国适成例外。窃谓民族究非单体生命之比，若得常有新刺激，常投之新环境，自可不断有新精力继续萌生，而此民族遂永获不老之象。近代之例，如英伦之移民北美，即其证。中国正因处境阔大，从不断的新刺激，酝酿出不断的新精神。

约略言之，春秋、战国时代，人文中心实在东部，而齐、鲁为之最。卫、宋已较次，三晋中原又次焉，而西部秦国为最后。稍北如燕、赵，稍南如楚、越，皆不得预于当时人文之正统。即在西汉，依然以山东齐鲁为人文首区，而燕、赵、梁、楚次之。及乎东汉，人文基地渐移而西，梁、陈而往，人文特炽。及魏、晋失绪，中原丧乱，人物播迁，经大翻动，于是西北则转而至甘凉，东北则转而达辽沈，东南则逾江跨海，西南则度岭越峤。中国经此一大翻动，各处均得从新环境下萌苗新精力。一到隋、唐统一，各处风云凑会，当时的中国忽然生机勃发，气象一新，正为此故。然就大体论之，汉、唐中国人文，依然重在北部，不重在南部。吴、晋、南朝之局面，多半乃侨客之力，非江外人文所自创辟。直要到唐中叶以后，江淮人文乃日盛日大。

下迄宋代，南北渐成倒转，江南人文乃始凌驾于大河两岸之上。明、清两代，尤其是江、浙文物，绚烂昌明达乎极点。然最近百年以来，中国在世界形势之大转动中，又不断开辟了新环境，赋与中国人以新刺激。浙、闽、两粤，因其滨海通商之便利，开始迈步走上新途径，太平天国一番龙竞虎斗，全由湘、粤人扮演主角，革命人物，乃及平定革命者，多半属诸西南。而南洋侨民之海外移殖，尤为注意近代中国人之新发展者所瞩目。最近对日抗战，西南为后方大本营。不久的将来，西南诸省，无论人才物力，一定要在中国史上继长增高，占得一个崭新位置。

至于东北最近百年来，鲁、燕诸省大批移殖，以他们强韧坚厚的毅力，配上富源无尽的新天地，又值强邻窥伺，国际风云动荡冲突，直到"九一八"以来，沦陷丧亡之苦，在东北人民的内心，更蕴蓄了许多无可言喻之感。东北人在近三四十年的中国史上，早已崭露头角。目下虽一时沉沦，不久的将来，一定要突飞猛进。其人才物力，均将成为新中国建设时代之一支生力军。我们放眼一看此百年来之变化，虽则惊心动魄，创钜痛深，但中国人显然又在新环境下领受新刺激，在新刺激下酝酿出新精力。此种新精力之表现，即为中国民族新生命之复始。

现在放眼一看，长江、大河两大流域之下游，鲁、燕、江、浙为中国自古传统人文基点精华所萃。鲁、燕为北部，是前期中国汉、唐时代之人文基点物力中心。只论山东一省，其人物精力，自古到今直上直下，始终站在全国各区域之最前线，而未见其过分的衰颓与穷绌。吴、越虽较齐、鲁为后起，然其人物精力，一样的站在全国各区域之前线者亦已经历千年以上之时期。只照中国地形，山脉河流，风气变动，自然倾向，便积聚到齐、鲁、吴、越一带。由此而上，为燕、为辽、为东北。由此而下，为闽、为粤、为西南。东北、西南正在预兆着新中国之新生命。中国最近当前之人物精力，似乎成了一个半环形，正是大陆与海洋交割的边缘，恰恰成了一个半环，而以齐、鲁、吴、越当此半环线之中点。此半环线则围拱着泱漭旷荡的大陆。这一个大陆，正为中国人的命脉与生根。无尽无限光芒灿烂的历史与文化，正在此大陆上产出。汉、唐极盛时期最丰炽最繁荣的首都所在地长安，便是此一大陆之中心。由此向正东向东北向西南，向上面所说之半环地带，距离约略相等。这一个半环之对此中心，真有万国冕旒，八方风雨之概。

中国本是一个大陆农国。中国传统文化，亦是一个最标准最理想的大陆农国的文化。中国人已往在大陆，中国人之将来依然要在大陆。中国人已往是农国，中国人之将来依然仍是农国。只不过要成为一个新大陆的新农国而已。上面所说海陆交割地带之半环线，不够代表整个的中国。整个中国尚有恰恰与上述半环线，遥遥相对的另一半环，此乃以新疆为中点，东北至蒙古，西南至西藏的一半环。依照中国已往历史，中国人面对此一半环的时候，常是中国人奋进与迈上的时候。仅中国人反过身来，面对海陆交割的一半环的时候，则虽若顺势自然，却不免常带有逃遁退婴的意味。新中国之最近将来，倘将采取一种逆势动态的奋进国策，则新中国建国第一方案，便该再反过身来，重新吸集那海陆交割地带的半环线上的一切人物精力倒灌到正相对的半环线上去。否则中国将成一半枯瘠的国家。譬如日月之蚀，一半光明而一半模糊，一半鲜艳而一半暗澹。

不仅如此，中国的中心地域，也正在霉烂腐败，渐渐如挖瓜瓤，愈挖愈进，中心已空，仅存外皮。长安、洛阳从前是中国最光明鲜艳的所在，现在则模糊暗澹，正如烂瓜瓤般，若不挖去，势将累及皮层。此种情态，中国历史上也早已经历过。当魏、晋扰攘之后，洛阳、长安空无居人，那时中心地域之腐烂，较今尤甚。中国得此一大变动，因传统人文基点物力中心之大破坏，人物精力播散四外，入新环境，获新精力，到后再凑集还归，缔造出隋、唐统一盛运，而洛阳、长安乃如明日之日重当中天。

最近一百年来的中国衰运，直到目前之大抗战，中国人文基点物力中心几乎全部沦陷，全部翻动。中国人在此大变动的新环境下，只要有魏、晋时代人之精神气魄，此下无疑，便是第二期的隋、唐新运。中国人若能接受历史教训，便该慕效汉、唐。中国人依照传统人文建国之经验，当用平衡原理，谋使全国人物精力活泼交流，融成一片，如此则中国正该向内陆西北发展。

照农业上轮耕番休的道理，长安、洛阳内陆中心，虽在汉、唐古代极其光明灿璀之盛态，但此一千年来，已渐渐没落，渐渐荒弃。长安、洛阳虽是古世界，同时却是新天地。虽非浑沌未斫，却已返璞回真。若使我们吸集海陆交割地带半环线内之人物精力重回到汉、唐故地，一面固然富于历史上之憧憬与回忆，一面亦几于是到了新辟的疆土，新创的天地。依然是一种新环境，依然有一种新刺激。依然可以酝酿出新精力，培植出新生命。我们向西北发展，不仅是平面上的平衡，抑且是直线上的沟通。不仅是地理经济上的交流，抑且是历史文化上的复活。我们要返老回童，要在逆势与动态下重新从低下温暖的所在，爬上高峻寒冷的故乡。

我们依然要从小地面复归到大地面去。这是我们的奋进与迈上，这是民族之再生。

六

再以国防观点论之，中国历来大敌外患，在北不在南。无论是西北或东北，总是踞高临下，占着大地面来掩盖小地面。中国的南方，象征着和平进展，北方则象征着奋斗竞存。已往如是，最近的将来依然要如是。人类大战争仍将在大陆上展开。国家民族决生死的战争，必在大陆上演出。中国是一大陆农国，将来工农配合发达，决不怕海疆封锁。在此民族思潮澎湃横溢的时代，仗着几十条海上船舰，运载少数军队，可以灭国并邑，此事几难想象。中国人只要暂时不想攫夺海外殖民地，中国的国防，主要者必是陆空配合的大陆国防，即是北方国防线。中国北部大陆陷入敌手，则中国人将被赶入海里，宋、明如是，马其顿之于希腊，日耳曼蛮族之于罗马，形势亦复如是。

我们若采用西汉与唐代逆势动进的国防形势，则将来中国新首都亦有向北迁移之必要。否则中央首脑安居江流狭仄的安全区域，断不能极度发挥大陆奋进的战斗效能。若果效法隋、唐东西两都的形势，则新中国之建都，应在长安，而以北平为陪都。从长安到北平划一横线，约略相当于黄河平原之地带，即代表前期中国汉、唐精神的地带，应使成为新中国之首脑指挥地带。全国青年受国家政治、教育、宗教、哲学各部门精神方面之训练培养者，以集中此地带为相宜。壮阔的地形，严肃的天象，深沉古老的历史文化之遗迹，全在此地带上。这一地带表示着中国民族之坚毅强韧笃厚伟大。大政治家、大教育家、大思想家、大宗教师、大军人，全应在此地带受洗礼。自此以北，益高、益冷、益旷、益大的边疆区，应成为新中国之兵库。万里长城即其最好的象征。新中国人应在此带建设活的万里长城。

自此以南，以五岭山脉为界线，又可划成两横线，即是长江平原与珠江平原之两地带，前一地带是代表后期中国宋、明精神的地带，此一地带应使成为新中国之胸腹营卫地带。文艺、美术、科学、工业应在此一带发皇。此一地象征中国民族之活泼温良清新智巧，这是家宅中之花园区与书房区，不当在此建立大礼堂与纪念碑。最南一线，代表着近代中国之新兴精神，与大海相吞吐，与世界相呼吸，工商制造，往来贸迁，这里象征着新中国之动荡，将与最北一线象征新中国之凝定者遥遥相对。

将第四线配合第三线，将第一线（最北一线）配合第二线。古今中外一以贯之。人文建国之平衡凝结，势必如此形成。若战后新首都仍逗留在第三线上，虽亦顺势自然，博得大多数国人之赞成，并取到目前一时之便宜，然而人文国家的大体制，历史国家的大精神，终将无从发挥，到底抉发不出中国民族内心深处的至高情绪。势将逐步退婴，逐步偷惰，南方两线上的人文基点物力中心永远推送不到北方两线去。尤其是中国的西北角，为中国山川形势祖脉所在，中国文化历史汉、唐盛业由此造成，现代中国之中央地带，亚洲大陆冲荡斗争的大局面，万一在此开幕，偏在东南角江海丘陵小局面下之人物精力，必将无此指挥驾驭的大力。要运使长刀阔斧，非得骑上马背。若徒步小卒，纵有神力，亦无刀斧回旋之余地。

我们从历史、艺术、军事、政治、哲学、文化、经济、地理各方面各条件的眼光与理论来衡量战后新中国之首都问题，断然应向北迁移，尤其应该西北重于东北，中心重于偏隅，大陆重于海疆，则长安厥为首选。若其现在的荒凉破坏，则不足为我们讨论百年建国的大政方针之一难。

（一九四二年十二月《思想与时代》月刊第十七期）

五、中国传统教育精神与教育制度

一

西国教育，大率不出两途，一曰"国家教育"，一曰"教会教育"。国家教育之病在抹杀个人，教会教育之病在蔑视现世。逃于此两者，则必归于个人权利与现世享乐之境。

中国传统教育精神，以儒家为代表。儒家陈义，颇无上述之两弊。《大学》言"修身、齐家、治国、平天下"，而曰"自天子至于庶人，壹是皆以修身为本"，而修身又本之正心、诚意、致知、格物，引而归之于个人之心意，固无为国家抹杀个人之弊。《中庸》言"能尽其性则能尽人之性，能尽人之性则能尽物之性，能尽物之性则可以赞天地之化育，而与天地参"。亦引而归之于自尽己性，亦未尝有为天地将来而蔑视现世之病。而其所重于个人者，乃以与国家天下相联系，而特于个人发其端。其所重于现世者，亦以现世之变动与天地之化育相联系，而特以现世植其基。故儒家重个人现世，而亦不陷于个人权利现世享乐之狭窄观念。此中国传统教育精神之最其大本大源所在。

人类何以必受教育？自西国观念言之，大端不越乎三者。曰为"上帝意旨"故，曰为"国家目的"故，曰为"个人乐利与现世幸福"故。人类降生，自始即为一种罪谪，上帝悲悯，重播福音，广宣于斯世而有所谓教，俾罪谪之人生重得超度，此宗教家言。为国家目的而施教育，其理论远始希腊古哲柏拉图、亚里士多德。柏氏著《理想国》，即主公民教育由国家掌理，儿童出生即不属于父母，携离其家而至公共育儿所。并当以严密方法使其父母不复能辨识其子女，其教育课程，则全由国家制定。个人不当有私产，亦不当为家庭之一员。故就理想国之理想，则必产业公有，妇女亦公有，儿童则公育。柏氏并主凡技术、诗歌、音乐、宗教、道德各项，皆当服从国家权威之严厉规定，其有不愿，则流放不使同中国。亚里士多德曾谓"人乃政治的动物"，斯言也，非重人而言之，乃重政治而言之。故亚氏又谓人生而有智力以为其武器，并有种种性质可以达其最卑污之目的。苟无德性，则人类乃动物中最龌龊最野蛮者，并充满淫恶之邪欲，而给人类以德性者则为国家。亚氏又谓欲求国家宪法垂之永久，莫如将教育制度适应于国体。盖二氏论学，皆承苏格拉底力矫当时哲人学派之遗风。重于共相，略于个性，亚氏虽稍愈，而轨辙仍然。其视耶教精神，虽一为宗教，一言政治，其不免于抹杀个人之天性则一。故自柏拉图而有欧洲中世纪之神学观念，自亚里士多德而有欧洲中世纪之演绎法论理学。希腊思想与耶教观念二流汇趋而为当时贵族僧侣阶级所利用。循是而有培根之归纳法，洛克之经验论，百科学者之唯物论机械论无神论，卢梭之民约论，风起云涌，蔚成近代欧洲思想之新主潮者，盖莫非于"上帝"与"国家"两观念下为人类个性求解放，而为之辟一营谋现世福利之途径。颓波骇浪，极其势之所至，而有德儒尼采之超人论。其先则曰智识，其后则曰意志。智识也，意志也，皆所以扩张个人现世之权力。此即古希腊哲人学派所谓人类为万物之尺度。然世界之大，万物之广，个人智识意志之权力终有限。故欧洲近世个人主义之展开有二形态，其对外为民族国家之抟成，其对内为阶级斗争之激化，凡此皆个人主义之结伙集团以求现世权力之无限扩张者。故其先则为政府向教会争学校，其次则为个人向国家争自由。然人生之终极，则不能如是而已。彼中有深识者忧之，则又时时反寻夫上帝之虔敬，理性之幽玄，而惜乎终未有以沟通此两者之隔阂。故近世欧洲思想乃常摆荡尴尬于此两途之间而靡得所宁定。

若以人类何为而有教问中国人，则必不曰为上帝，亦必不曰为国家，更必不曰为个人现世之权力与福利。中国传统教育思想，乃为人性之发育成全而有教。饮食男女亦人性，此决非中国教育理想之所摈。惟中国教育理想之所重则乃在发育成全人之"群性"而有教。群不仅为平面之展扩，而尤贵于有时久之绵延。教人类之群性者，此孔门之所谓"仁"。教人类群性之达于绵延而不绝者，此孔门之所谓"孝"。其为教之次第节目，则既曰"修身、齐家、治国、平天下"，又曰"尽己之性以尽人之性，尽物之性，而赞天地之化育"。尊德性道问学，一以贯之。致广大则以宇宙为全量，尽精微则以小己为核仁，极高明则以仁义为准则，道中庸则以孝弟为发轫。所谓齐家治国平天下，乃至尽物性而赞化育者，皆人类性分中所有事。教育贵于"尽性"，层层扩充，亦层层包络。故中国传统教育理论，超乎上帝、国家与个人之外，而亦融乎上帝、国家与个人之内。而此种种理论，独以孔门儒家思想为得其全。

二

今就中国教育史之演进，据其主要之外形大略区分之，则有国家主办之教育，此可以汉、明两代为代表。有门第私家之教育，此可以魏、晋、南北朝及唐为代表。有社会自由之教育，此可以先秦及两宋为代表。有社会半自由之教育，此可以元、清两代为代表，而尤以清代为显著。春秋以前封建社会之贵族教育，非此篇所欲论。

自孔子唱教，儒墨竞起，百家争鸣，先秦诸子学派之繁兴，可谓极一时之盛矣。然绝未有自为教主而创一宗教者，亦绝少专为狭义的国家权力张目者。其纯粹代表贵族统治阶级之思想者惟一韩非。更少专为个人现世享乐立说者，求其近似，惟一杨朱，而其立论之详，已不为今人所知。其间儒、墨、道三家，最于当时称显学。墨家陈义虽高，大体皆已为儒学所包孕。其所树异于儒家者，则皆抹杀人类个性之论，因此墨学不传于后世。道家主解消大群以为放任，盖有见于人性之一偏，无见于人性之全体，其病与墨家相反而相合，故独惟孔子之教遂与中国民族传统文化相融洽相凝结而为二千年来中国人文教育之宗师。就此时期之教育精神言，其超出乎政治势力之上而求有以领导支配夫政治者则一，故此时期之教育，实可谓中国史上第一期之社会自由教育。

人类不能长无教，无分于富贵贫贱，智愚老幼，其内心莫不有一受教之渴忱。秦之在当时，其社会文化独为落后。荀子游秦，鄙其无儒，然始皇帝并六国，已见称为以孝治天下。汉高无赖，见儒冠则溺之，闻说诗书则骂，然过孔子墓则拜祭焉，为其嗣王择师而命叔孙通，通亦儒者。汉帝莫不以"孝"为谥号，则秦、汉开国，固已知尊孔子之教，而其事实大定于贾谊之告文帝以太子之不可以无教。谊既详陈三代所以为教之具，而曰"秦使赵高傅胡亥而教之狱，所习者非斩劓人；则夷人之三族也。故胡亥今日即位，而明日射人。"夫帝王亦人也，帝王终不能以其富贵而可以无教，而教必早施于幼年。然幼年将何以为教，将举老聃、庄周以为教乎？彼固曰"绝学无忧"，不主有教。将举墨翟、禽滑厘以为教乎？彼则曰"视人之父若其父"，非礼非乐，非所以教青年。将举韩非、申不害以为教乎？则如赵高之教胡亥。将举僧侣卜祝上帝鬼神以为教乎？则中国自春秋以来，贤卿大夫如子产叔向之伦，皆已知其虚诞而不实。故不问其人为何如人，彼必将教其幼稚，而求其所以教幼稚者则必尊孔子而遵儒术。秦虽尚法，而始皇帝之择以教扶苏者则儒士。汉虽贱儒，而高祖之择以教惠帝者亦儒士。文帝虽好道家言，而得贾生，则使傅其爱子梁孝王。景帝友师晁错，受法家言，而即杀晁错以谢吴楚。及为其子择师，武帝师王臧，又儒士。汉武以十七岁青年登帝位，不待于得董仲舒、公孙弘，固已心向儒术矣。儒术之所以独盛于后世，由其独操举世教育之权。教育之必本于儒术，由其明于人性，适于人群，本诸人性之仁孝，效于人群之久大。故中国人之愿受教育者莫能自外。昧者不察，乃谓儒术独便于专制，故秦、汉以来借以愚民，则真其愚之不可及矣。

自汉武建太学，立五经博士，又设郡国学，而后中国乃始有国家官办之教育。然儒家创教，虽不鄙从政，亦不专为从政。儒家之教，在以超政治者导政治。博士弟子通经得官之制既立，虽前汉之昭、宣、元、成，后汉之光武、明、章，一时政事之受裨益于儒术者实大，然儒术渐变而为利禄之途，往昔自由教育之精神渐失。习儒术者仅求入政治，不能超政治。教育渐不为政治之领导，而为其随属，于是传统教育之精神全变，而政治亦缘之而腐化。当东汉之季叶，中央政府终于解体，而其时学者则经数百年政治之卵翼，根深柢固，遂成门阀。彼辈以流品自高，不屑与世俗为伍。国家官办之教育机关虽存在，而精神终不振起，盖其时教育已转入于新贵族门阀私家之手。不仅文艺、美术、礼仪、哲学，皆在门阀家庭私自授受，即国家政府传统典章制度，亦为门阀子弟所独擅，如所谓"王氏青箱"者是也。然人类之渴忱求教则古今如一。聪明俊秀之外于门阀者，乃相率而入佛寺。故宗教势力之弥漫于当时，亦此种教育情况有以助成之。

　　隋、唐踵起，始设科举，立学校，使社会俊秀皆得平流而竞进，而门阀势力犹在，国家教育之尊严仍不立，自由教育之风气仍不厚。则人之从事于学者，亦苟曰给我私求，润之家泽，而仍不足以餍夫人类崇高向学之心理，则彼之掬其真性之渴忱而求教者，仍必归向于佛寺。故魏、晋、南北朝、隋、唐时代佛教思想之盛行，正与儒家教育精神为代兴。人心不能无所皈依，孔子人文自由教育之精义不昌，则一世之聪明信望，乃逃入于瞿昙氏，上者言寂灭，下者言轮回，岂不犹远胜夫百年之私求，一家之小泽？故虽大唐盛世，远异乎魏、晋、南北朝之乱离扰攘，而终亦无以收拾人心。上自帝王卿相之尊，下至贩夫走卒之贱，莫不虔诚膜拜于塔院之间者，此自有人类渴忱求教之内心，策励而鼓进之，固非如韩昌黎之辟佛，仅所谓祸福惊动之所能为力。

　　及宋儒兴，而后中国传统人文自由教育之精神乃复昌。当唐末五代晦盲否塞之余，曙光新展，则有二大亮星辉耀于天地之间，以开一世之心目者，曰范仲淹希文，曰胡瑗翼之。范仲淹为秀才时，即以天下为己任，尝自诵其志曰，"先天下之忧而忧，后天下之乐而乐"。其服官所至，首汲汲于礼聘名师，兴学校。其在苏州时，得胡瑗掌教事，学者所称安定先生者是也。胡氏居苏州湖州教授，夙夜勤瘁，积二十年。当时苏、湖教法，分经义、治事二斋，经义则择心性疏通，有器局可任大事者，使之讲明六经。治事则一人各治一事，又兼摄一事，如治民、讲武、堰水、历算等，使以类群居讲习，时时召之使论其所学为定其理。或自出一义，使人人以对为可否之，或即当时政事俾之折衷。盖经义所以阐人生之大道，治事所以备切实之服务。明体达用，有本有末。一时人才蔚起，国家考试所得士，出胡氏门下者十常四五，朝廷名臣往往皆其徒。遇者虽不识，亦可揣知其为胡氏弟子。由是政府诏下苏、湖，取其法以为国立太学之章程。未几又聘胡氏为直讲。胡氏在太学时，尝出题试诸生，曰"孔颜所好何学论"。得一卷，大赏之，请相见，处以学职。其人犹为青年，曰程颐，即后世所尊小程夫子伊川先生。故后世推中国近古大政治家必曰范文正，推中国近古大教育家必曰胡安定，自有安定先生之教而后师道尊，人才起，而学术昌，后世目之曰"宋学"。至张载子厚著《西铭》，曰"民吾同胞物吾与"。又尝言"为天地立心，为生民立命，为往圣继绝学，为万世开太平"。盖至是而先秦儒者修身、齐家、治国、平天下之理想，尽己性、尽人性物性、赞化育、参天地之观念，重复昭揭于学者之心胸，而社会自由讲学之风，亦熸而复炀，此则宋儒之功。

三

今试纵观魏、晋、南北朝、隋、唐迄于两宋一千年内人才世运之消长盈绌，则莫不与当时之教育思想与教育制度息息相关。当魏、晋、南北朝中央解纽，区宇分崩，社会无学术，国家无教育，而门第私家犹有其世相传袭之礼制风尚，守而勿失。举如文学、艺术、政事、哲理，凡人群文化之所依寄，亦赖门阀之保存而延续。所以当时流品之下，犹有才器，粗得支持世局，使不至于大坏，而终以下开隋唐之隆盛，而其奇才伟器，不能为门阀私家所牢笼，所掩抑，而横邪轶出者，则一归于宗教。故自魏、晋以迄唐代之初盛，其第一流人物之出现，常为方外之高僧。而其堪当教育家大师之号者，则几于绝无仅有。

韩愈以师道自任，举世骇诧，柳宗元拟之于蜀犬之吠日。然则循此推演，世事与教义终必脱节，则世事亦非达于糜烂大坏而不止。而犹幸其不然者，则仅赖门第世族，仍得稍稍汲传统教育之余波以资沾溉而已。而果也，中唐以后，门第世族衣冠之荫日失其绪，而进士轻薄，场屋禄利之私心浅业，终无以撑架世局之宏阔。世事之坏，生民之祸，人才之卑污龌龊，达于唐末五代之乱而极。而凡有宋以来一千年，人才之培养，世事之营建，则胥由宋代诸儒人文自由教育之新精神有以振拔而奋起之。此正中国文化一番绝续生死之交。

然而宋儒立教，磨难实多。其先也，以人文教育与宗教教育争；其继也，则以自由教育与国家教育争，而所争皆至苦。当庆历皇祐之后，文风既辟，路府州县，莫不崇教，竞因书院而建学。朝廷又采苏、湖教法为太学章程，此则国家教育本追随于自由教育之后而奖助推进之。及王安石为相，颁行《三经新义》，乃俨然欲以政府定学术于一是，同时如司马光、程颢诸君子皆持异议，然此犹不过如汉武以下朝野经师之争博士与家法。荆公又创太学

"三舍递升"之制，而轻薄书生，矫饰言行以奔走公卿之门者若市。及党争所激，荡而弥远，则有二蔡二惇立元祐之学禁。复废科举，专以学校取士。时谓蔡京，群天下之学者而纳之黉舍，校其文艺，差给饮食。旌别人才，止付于鱼肉铢两间。而学者不以为羞，且逐逐然贪之。夫以汉代诚意推行国家教育，已不免于流弊，更遑论乎宋代崇宁以下之群小？然亦终不能弭抑太学生之义愤，陈东七上书论列政事，与布衣欧阳澈同斩于市，而宋祚亦绝。南渡始弛学禁，而秦桧主和议又禁之。及绍兴之末再弛，而庆元之锢籍旋起。凡伊川、考亭之学，为后世所师崇者，皆当时所目为伪学而严摧深抑惟恐其不绝者。然大学生之骄横，则朝廷亦无如何。独至贾似道，重其恩数，丰其馈给，诸生啖其利而畏其威，虽目击似道之罪，而噤不敢发一语。及似道要君去国，又极意挽留。今日曰师相，明日曰元老，今日曰周公，明日曰魏公，无一人敢少指其非者，而南宋之祚终亦以绝。此有宋一代国家教育与自由教育相争衡得失之龟鉴。

元代不足深论，明祖光复，而惜其不知文化传统之大义。既废宰相，创为君主独裁，又有意厉行国家教育，其学校规模，与夫翰林院庶吉士之创制，皆有深意，亦收一时作育人才之效。然以自由教育领导政治，则政治有生机，可以活泼而向荣。以国家政治统制教育，则教育无命脉，终必萎缩干枯渐至于死塞。犹幸两宋自由教育之流风遗绪，不绝尚在，仍足以补国家教育之不济。而大儒王守仁以国家大臣，而躬膺自由教育之任，唱"良知"之说，朝野相应，不啻若为一时之新教主。其时王湛两家书院学生遍天下，而阳明弟子王龙溪、王心斋益播扬师说，深入社会下层，不翅将成为宗教。而张居正当国，欲以阁臣而擅君主独裁之权，尽禁天下书院，重蹈两宋以政府摧抑自由教育之覆辙。及其后世，又有东林之党禁，而明社亦以屋。东林者，宋、明七百年自由教育最后之殿军，彼亦将以超政治者导政治，虽其末流所趋，垢污亦不免，然其渊源血脉，则固是先秦、北宋儒学精神之嫡种。明廷既屡禁社会自由教育，而国家教育亦腐败不可名状。府县生员，有养无教，俊士之效赎，游手之患切。及夫崇祯之末，开门迎贼，缚官投伪，皆出生员。明之既亡，遗民顾炎武深痛之，曰，"此魏博之牙军，成都之突将也"，此犹如民国以来之拟学生为"丘九"。此又明代国家教育与自由教育相争衡得失之龟鉴。

满清入关，盗憎主人，彼固不乐社会有自由之教育，亦无意乎以政府主持教育之重任。徒严兴文字之狱，到尸灭族成常事，焚书充军则绝大恩典矣。既以惨刑酷罚大慑士气，乃饷之以官爵利禄，为牢笼，为麻醉。学者乃并肩叠息，一寄其精神聪明于古经典之考释。盖两宋以来社会讲学之风虽难骤塞，而一时学者亦终不能不仰执刀锯置鼎镬者之鼻息。故曰此社会半自由之教育也，浸假而抵乎其极，则翰林院庶吉士专习白折小楷，省府州县书院生徒，则仅以膏火糊口。教育衰而人才绝，政事败而社会乱，满清部族政权之淫威，亦随之颠覆。然而满清末叶新人才之崛起，以鼓吹民族传统文化，发扬民族传统精神，起麻痹已久之人心而导之于变法维新革命光复之大业者，举其一时之魁杰，为当世学人所瞩目视而倾耳听，则大率以浙粤两区为主脑。言夫近五十年来之大师，必推南海康氏，余杭章氏。究其学术渊源，则一自杭州之诂经精舍，一自广州之广雅书院。斯二者，远始道光时清疆臣阮元所创立。虽曰社会半自由之教育，而终收其果效于七八十年之后。此又学校与人才如响斯应之明征大验。

四

然自晚清同光以来，国人怵于外患，慕效西法，重举国家主办之教育，亦既八十年于兹。言夫开通民智，则洵有之，而曰作兴人才，则终不能如所预期，而有以大惬乎国人之心者，又何欤？请再得而略言之。

盖清末创办新学，其先不过曰养成翻译（即外交）与军事之人才而止，欲通翻译乃研究外国语言文字，欲精军事乃牵连及于机械制造。故同治元年设京师同文馆，二年设上海广方言馆，五年设福建船政学校，光绪八年设天津水师学堂，十一年设天津武备学堂，十三年设广东水陆师学堂，二十一年设湖北武备学堂，此皆专为栽培翻译与水陆军人才而设。光绪二十一二年间，湖北复有自强学堂，初分方言、格致、算学、商务四门，后则专课方言。陕西诸省复有"格致实学书院"，则均就旧有书院变通整顿而成。其所谓"格致"，盖不过传授常识，极于稍通机械制造，既绝无当于科学思想之灌输，亦更无所谓人才教育之意义。然则此二十五年之新教育，最多不过着眼于一艺一材之间。而其主张措设之者，皆出地方疆吏，中央惟一京师同文馆，更无继者。可见当时政府，固犹以为小楷八股，足以钳束一国之人心，绝无意于作育人才。地方疆吏处积威之余，亦未尝敢游心放意于所以讲明学术，而陶铸人才者，仅仅于小楷八股之外，增辟一二传授外国语及练习海陆军之场所而已。此则仅是地方疆吏行政事务中一项目，固绝无当于国家社会教育之宏旨。

及光绪二十三年，上海有南洋公学，课业注重法政经济，又择尤资送出洋留学，而公学之规模，遂为清末新学校之典型。然法政经济与声光热力化电之学不同。声光化电无国界，政法经济则不得不以本国文化传统及社会实况为之本。故声光化电可以成专家，而政法经济则不得不有待于通才。学声光化电者，其先于国内粗习门径，而深造则可以求之于国外。学法政经济者，其先可于彼邦贤达议论稍事涉猎，而成学名家，则非于本国文化传统社会实情寝馈沉酣之深且久者不为功。公学创于盛宣怀，盛氏何知教育，特慕效李鸿章、左宗棠、沈葆桢、张之洞诸人之所为，而因缘时会，以其服官津、沪，遂居然以创办学校为当时新学作前驱。故中国近代新学之兴起，有极可注意者数事。

　　一、其事非由国家中央所发动，为全部有计划之推进。

　　二、其事亦非由社会学术界所提倡，为根本意义之探求，而特由于三数地方疆吏之拨资创办。

其先仅限于翻译与军事，犹之可也。其次乃进而及于法政与经济，其性质与意趣已大异，乃依然上之无国家全盘之计划，下之无社会学术界之合作，特以一二时髦官僚之高兴，博开通民智提倡风气之名则有余，欲求转移学术陶铸人才，宜所不胜。然则中国近代教育之仅足以收开通民智之效，不足以成作育人才之业者，种瓜得瓜，种豆得豆，固已自其几先，而有识者可以洞瞩其当然矣。

　　夫学术之兴，以渐不以骤。满清操握部族政权，凌跨禁制，二百年矣，其不乐国家有教育无足怪。而中国士大夫处重压深锄之余，虽不断有萌蘖之生，而迷途既远，遂亦无人焉知措意于学术人才所以为教育本源之地者。独湘乡曾国藩崛起畎亩，慨然有志于是，而军旅余生，忧讥畏谗之不暇，则亦未能为近世中国教育有建白。李鸿章、左宗棠识趣下曾氏远甚，知造船舰，通翻译，固已一时见推称能吏之新政矣。则无怪乎盛宣怀氏之公学，终将为中国近代新教育之楷模。在上者以功利唱，斯在下者以功利应。而此所谓在上者，犹非出于中央之意旨，举国一致猷谟之所同，而特出于一二地方官僚不相为谋之所为，则无怪乎在下之应者，亦终不知有国家民族之全体，而亦仅仅各自为一二人之私生活谋温饱。以若是之教育，而得收开通民智之效，固已奢于望矣，而何论于人才之作育。

及光绪二十四年，始有国立京师大学之举办，然不逾年政变作，新政尽废。至二十七年又有复兴学校之议，首唱之者为山东巡抚袁世凯。二十八年，张百熙为管学大臣，奏设速成科，分仕学、师范二馆。所谓"师范"者，推其意仍不过曰开通民智。其曰"仕学"，则明将以学校代科举，乃若有似乎汉、唐、宋、明国家主办教育之意。然汉武兴学，而一时耆儒宿德，如申培公、辕固生、董仲舒之流，固已项背相望先期而起。宋仁兴学，而一时名师伟人，如范文正、胡安定之徒，亦已声息相通闻响而赴。先唐而在者有河汾，先明而在者有金华，此皆政府兴学之所藉手。若政府空抱兴学之意，而社会无真学者之相应，事终无济。而况清之季世，纵使其时能朝野一心，真切求贤兴学，仍将有学绝道丧野无遗贤之叹。而清廷之兴学，则特迫于一二封疆大吏之陈请，而徒苦其无奈何。此一二封疆大吏者，如袁世凯之俦，请兴学校办教育亦不过藉以邀众誉而沽高名，固亦不知有所谓尊师敬学之心。徒法不足以自行，有学无师，将以何教？故自中国传统文化言，国家主办教育，常有陷溺学者于禄利之渊之忧。虽可为政府造就一时之人才，终将为学术斫丧百年之大命。而况清之季世，则并一时之人才而不可冀，则徒以仕学之馆，招来一群附膻之蚁而已。故光绪二十九年三十一年张之洞、袁世凯迭奏废科举，大意谓科举不废则学校不兴。是知当时奔禄利者尚惟彼之凑，不此之趋，故欲朝廷塞其为彼而开其为此。兴学特以政府法令为钓饵，非由社会学风之转向，在上有此制度，在下无此精神。而况清廷之疆吏，亦不过以不获已为敷衍。然则清代自同治以下，迄于覆灭，五十年间之兴学事业，其不能有所成效，固不待卜筮而决矣。

五

故谓近代中国之诚意兴学，必自民国以来乃有之。而此三十年间教育精神与教育制度之变更，亦有可得而评论者。

民元十月有大学令，谓大学以教授高深学术，养成硕学闳材，应国家需要为宗旨。又规定大学分文、理、法、商、医、农、工七科，设立时以文理二科为主。而民十八国府公布教育宗旨，谓大学及专门教育必须注重实用科学，充实科学内容，养成专门知识技能，并切实陶融为国家社会服务之健全品格。同年公布大学规程第二条，大学教育注重实用科学之原则，必须包含理学院或农工医理各学院之一。循此两次法令之变更，而知政府办学旨趣，固已先后大殊。夫曰教授高深学术，养成硕学宏材，事非仓促可冀。纵有硕德大师，当国家社会宁定安谧之秋，亦非十数年间可以必其有成效。而况民元以来之学术界，青黄不接，自道咸而同光，经学考据之业，固已陵夷日颓，迤逦及地。回视乾、嘉诸老，恍如峨眉天半。论新学，则以政法经济乃至文哲诸科与声光电化一例等视，昧蔑其国性，夸耀夫新知。以出洋留学为国家教育之最高阶层。其去也称学童，其归也称博士，虽曰皆上智之选，而谓其当髦秀之年，竭三数载之聪明，可以尽觇国问学之能事。又谓其浅尝薄试之所得，可以返而尽变一国之故常。语已既扞格而难入，语彼又疏阔而未亲。以若是之人才，而当教授高深学术养成硕学闳材之重任，苟能多方磨砻被濯，宽假而优游之，尚不知其所届。而况乎蜩螗翻覆，政事之多故，则又无怪乎其不能收预期之效。

而继之以民十八之转变，既曰注重实用科学，又曰养成专门知识技能，并陶冶为国家社会服务之品格。是其用意乃不翅于同治以来之专治方言格致，而不过稍稍扩大之于各实用科学，其为着眼于一艺一技之间，而无意于学术人才所以为教育本源之地者则一。

故自晚清同治以来八十年国家兴学之历史，有可以数言尽者。一则当满清部族政权二百年重压深锄之余，学术自身乏生气，无大师崛起，而教育失其向导。一则政府之于教育，先则阳崇而阴摧之，既又束缚而驰骤之，言其积极，则以利禄为引诱；言其消极，则于自由无尊尚。夫就今日而言教育，固有非社会私人所能胜其任者，然政府法令之为功，犹之如土壤、如雨露、如阳光，苟为无种，虽尽培拥煦润之能事，亦终不殖。教育以师道为生命，师道之兴本于学术，学术之昌原于自由。政府之与法令，奖掖之，护养之，而群雌无雄，其法不育，师道之兴，仍有待于社会学术自由空气之酝酿，其事固非政府法令之所得而预。

抑尤有进者，以今日欧西国群大体言之，教训本乎上帝，意志在乎民众。政府者，公意听之国会，大训本之教堂，此二者政府官吏之规辙绳墨。中国不然，人生大训在学校不在教堂，若学校之权操之政府，是舆情虽在下，义理常在上。顾在上者之义理又何自生？以政发教，不仅为教不肃，抑且为政无源。故就中国传统文化言，国办教育鲜有美效。而况国会之代达民意，在中国尚无成熟圆满之机运。然则在欧西，以教堂、国会、政府为鼎足之分峙，在中国将以政府为独柱之孤撑，几乎其不折且崩。故在春秋，郑子产不毁乡校。迄乎秦、汉，博士虽属太常，独得预闻朝廷之公议。国家有大政典，大兴作，大狱讼，每必谘焉。而晚明黄梨洲著《待访录》，欲以学校寄天下是非之公。此皆有见于吾民族抟群建国之大体者。故曰"广牖民智，普及学校"，此政府所有事。曰奖励科学，宏兴实业，此亦政府所有事。然而以言夫正学术，作人才，所以为教育本源之地者，其事乃非政府所宜操握而左右之。西邦言治者每主政教分离，使宗教自由发展于政治之外。若推此以言中国，则政学亦当分，使学校得超然独立于政治之外，常得自由之发展。民气藉之舒宣，政论于以取裁，此亦发挥中国传统文化精神一要目。

六

更端言之，则中国社会重礼不重法。法律操之政府，礼义明于学校。礼义之所阐明，即法律之所依据。在欧西宗教与政治分驰，故宗教主感化，而政治重裁制。彼中既言政教分离，又言司法独立。在中国则教之与法皆源于学。若学校不独立，则政府为无上。故社会私立学校当如西国之教堂，国家公立学校当如西国之法院。今者学绝道丧，儒师不兴，人不悦学，当此时而唱社会自由教育之独立，其事殆莫有应。

不得已而思其次，以西国之司法独立变通而施之于教育。使长教育者常得超然于政潮之外，物色耆儒长者，尊以礼而优其位，不责以吏事而期其德化。国家得有文理科大学五六所，一如民元之所揭橥，一以教授高深学术，养成硕学宏材为职志。学术明则人才作，若网在纲，若裘挈领，若高屋而建瓴水，由大学而中学而小学，穷源竟委，常使自外于政海之波涛而为国立宁极。庶乎正本清源，学术定而国家社会相与以趋于定。然此非一颦一笑必效西邻而后可以为美者之所知。

今国人常言教育经费之宜独立，而不知尤贵者在"教育职权"之独立，更贵者在"教育精神"之独立。教育有独立之精神，独立之职权，而后可以有高远之理想，而后可以从事于学术人才所以为教育本源之地者以备国家社会真实之用。故国家高等教育，断当以"文化"与"人才"为中心。所谓"人文教育"是也。其次乃有国民教育，则初级之普及教育及社会成人之补习教育附之。其次乃有实业教育，则凡各实用科学，专门知识技能，如民十八之所揭橥者属之。如此亦庶乎一洗同治初年广方言馆以来水陆师学堂相传递续之沉痼宿疾，使人知于技术实用之外尚有所谓"学"，富强权利之外尚有所谓"教"。不然则将见人才日以窄狭，人志日以卑污，并此技术实用富强权利而不可得。

或曰，子所陈义则高矣，抑今国人方群呼科学救国，子独于科学教育若有歉意者，何也？曰：恶！不然，此非余意之所存。方十八世纪以及十九世纪之前半，英、法国势烜赫，如中天之日，而日耳曼诸邦尚分崩离析，不相统属，其时英、法科学实业皆已极盛，而日耳曼之学者，独以文、哲、历史、艺术见长，其高论昌言于各大学讲坛之上者皆此类。英法人笑之，曰英国乃海上王国，法国为大陆王国，而日耳曼则云雾中之王国。何者，彼中所谈文、哲、历史、艺术诸科，皆无当实用，无关富强，如有物焉晃荡于云雾之中然。然日耳曼人终于此云雾中得救。他日者，屡胜邻敌，政治一统，遂造成十九世纪晚期之德意志王国，而其国内科学遂亦突飞猛进，越英法而出其前。凡本篇所称引，姑皆勿深论，我特请国人姑效法当日之德意志，亦何为而不可。

（一九四二年二月《思想与时代》月刊第七期）

六、中国人之法律观念

一

德儒黑格尔谓法律乃文化之一现象，柯赖 Josef Kohler 亦谓法律乃民族文化之产物。冯德 Wundt 则谓法律之进程，不外为民族心理之进程。中西文化既各有其特点，则此两民族对法律之观念不能尽同，抑且有极相悬异者，是亦无足深怪，籀而论之，厥有数因。

一者由于双方对于"道德观念"之不同，儒者论性善，道德皆由内发，本于人类之内心要求，此为中国民族传统思想中最重要之一义，而希腊古哲之论，则全不及此。亚里士多德尝谓：

> 幼时之养育教导皆得其正犹未足，必须养成其习惯，使其既为成人，亦能行轨于正。又需种种法律规矩，宣示人生义务，命人以所当行。盖常人行事悉由逼迫，非缘理性，由畏刑罚，非乐道德也。

统观亚氏论道德，始终未及"性善"一义。彼既不认人性自能向上，则一切诸善皆由外律，故于习惯外，所重则曰"力行"。亚氏极言道德生于行为，行为即犹习惯，特措辞之微异耳。亚氏曰：

> 人之成德在于力行，譬如艺术，欲成建筑师在学建筑，欲为音乐家在习音乐。惟行为公道，乃成公道之人。自奉有节，方为节制之士。遇事勇敢，始称勇敢之徒。

亚氏未尝推论建筑音乐，其源皆本人性。人之行为一切由其性向。自此分歧，则人类一切诸德，乃不得不有赖于法律与立法之士之为之规定，故亚氏又曰：

> 人生实行之德，无有得自天然者。天然物性非习惯所能改，石之下坠，火之上升是也。德行之集于人，非由天性。天性与人以能受德之能力，而因习惯之故，始抵于完善。

又曰：

> 人非因多视听始有见闻之觉，乃先有见闻之觉，乃用之于视听也。其于德行反此。人之德行自躬行实践而致。人须先试为正直乃能正直，先为自制乃能自制，先为勇敢乃能勇敢，一国之立法者，欲因习惯薰染之故，使人尽为善士，理亦犹此。
> 盖

亚氏既认人类道德仅在实行与习惯，自不得不重视立法以为实行与习惯之规范与依据。于是遂不得不以伦理学为政治学之一支。又遂谓果能研究政治学之全部，则人生哲学可以完成。此亚氏对于人生之看法则然。故亚氏谓司法乃社会的道德，其他一切必附属其下。又深赞斯巴达诸邦之立法，谓能对于国民生活加以管理，惟斯巴达数邦之法家曾一行之。又谓：

> 法律所规定之行为，大都本于道德之大全 Complete Virtue。盖法律令人实行一切美德，而禁止一切罪恶。法律令人勇，令人节制，令人和婉，举凡一切善恶，法律莫不及。

亚氏此说，乃颇与中国传统法律观念相异。盖中国观念，法律惟以防过闲非，如亚氏所谓禁止罪恶者则有之，而并不能令人入于美德。人类一切美德，皆由其内心充沛自发，非遵行法律所足当。故就法律与道德之关系论，中国人仅以法律补道德之不逮，西方则直以法律规定道德而又领导之，此其极大相异之点。

惟其中国人主性善，故论道德多偏重人类之"真情"，而建以为诸德之本，如儒家之特提"仁孝"是也。西方人不认人类自性向善之一义，故其论道德亦每舍人之情感而就理性言之，理性者略当于孔门之所谓"智"，墨家之所谓"义"，而与仁孝不涉。故中国人言道德每就泯小己之私，而指其人与人相融之一境以为说。西国言道德，则就人与人之各止于其分限而不越者当之，此亚氏言道德所以特重"公平"一义。夫曰仁孝，其事非法律所能预；曰公平，则立法者自得而优为之。亚氏之言曰：

公平为至德，公平为百德之总，公平为德行之全体。

凡事合法即为公平。

破坏法律者为不公，守法者为公平。

公平人者，即守法之人或为公正之人。正者，即合法与公平之谓。

不合法律，又不公正，是不正也。

法官之责在力使之平。

人当争论之际，每求直于裁判官，即所以求得公平也。裁判官则公平人之化身耳。

公平仅能决于法律，法官盖公平之保护者也。

公平与不公所恃乃为法律，而存在于应有法律之地，盖即存在于人民在统治之下而能平等者是也。

本亚氏之意，公平既为百德之总，而法律则为公平之化身与保护者，是不啻谓法律即道德之化身与保护者。法律何自生？则生于国家之立法。故就亚氏之意，国家超乎个人之上，故为一"公民"乃与为一"善人"不同。亚氏之言曰：

行为之大部为法律所规定者，多出自全德，法律之责固在教人依履德行而禁为过失也。全德之所以生，其原乃在法令之设，俱以教人尽公民之责任为重，而个人教育，则非使之为良好之公民，而仅使之为一善人。

循此推演，乃有"公德""私德"之分。能尽公德者为公民，能尽私德者仅为善人。国家高出于一切，故公民亦高出于善人。就亚氏之思想而为演绎，人类道德之意义，其地位实在国家意义之下。此非徒亚氏一人为然。古希腊思想自苏格拉底、柏拉图以至亚氏，一脉相承，自有其大体之条贯。而古希腊诸邦以国家为至上，总揽一切，使个人失其自由，虽柏氏、亚氏所谓理想之国家与法律者，亦为此种国家至上法律至上之沿习观念所牢笼所束缚，而未能摆脱。（注一）罗马若稍愈，亦复循此传统。迄于近代，如德意志学者所唱国家观念依然此物此志。至于中国传统思想，则无宁谓人类道德意义尚远在国家意义之上。故孔子曰：

> 道之以德，齐之以礼，有耻且格。道之以政，齐之
> 以刑，民免而无耻。

此中西两民族法律观念大不相同之第一点。

二

古代西方对于道德与法律之观念，既皆以公平为之主，而公平之涵义，则显然为各个人之权利。故西方法律观念之展演，及于罗马时代，而法律所以为确定权利拥护权利之意义乃日趋昭著。（注二）《罗马法》为彼中近代法律之导源，而一部《罗马法》之进展，即一种权利争衡之进展，亦即所谓公平观念之进展。

罗马共和时代有《市民法》（Civil law）与《万民法》（Law of Nations）之别。此即罗马同国人民权利不平等之表征。罗马所谓市民与外国人（非市民），一视其取得法律上之市民权与否以为判。有市民权者为市民，无者为外国人。《市民法》之权利，

惟罗马市民能享之，至建国后五百年顷，乃始为外国人设特别法院，此则约当中国战国之末期，即耶稣纪元前八十九年。社会战争起，始认意大利全体人民为市民。此则当汉武帝之晚节，直至中国建安时代，于是罗马帝国之人民，始得均享罗马市民之法益。然是时罗马内部已战争扰乱不息，罗马已始衰，不二百年而终分为东西两邦，不可复合。

故罗马人之国家观念与法律观念，直依然承袭古希腊狭义的市邦与狭义的公民观念，而逐渐解放以达者。及其晚世，帝国臣民皆受罗马市民同等之待遇，此毋宁谓是罗马之变态，而非罗马之本真。故《罗马法》中之权利观念，即古希腊人之公平观念。其法律中所谓人格者，亦指权利言，不指道德言。就此点论，又与中国人传统法律观念大异。

中国人所谓法律，多偏指刑罚言之。中国"刑法"二字之语原，虽亦均有平等之涵义，然中国人对于刑法之观念，则毋宁谓其偏于罪恶之惩罚，而不在权利之保障。（注三）故西方之法律观念常为"权力"的，（注四）而中国之法律观念则为"道德"的。惟其常为权力的，故民权日张，则法律亦日变。

雅典梭伦之创法，彼自期所创得垂百年则已满望。盖梭伦当时用意，在废除宗教传统下之旧等级，而另以财富定新等级。《梭伦法》下之人民凡分四级，而各级权利皆不同。第一级即富人。惟第一级始得任高等官吏。第二第三级方许入参议院及立法机关，是则社会势位权力有变动，即国家立法亦不得不随之为变动，故罗马《十二铜版法》之名言，谓人民最新议决者即为法律。通观西洋史上每一次立法，即社会各种权力之又一次重新认识，与社会各种权利之又一次重新规定。此不仅雅典之《梭伦法典》与罗马《十二铜版法》为然，一切立法运动盖无不然。而中国人之法律观念则大异乎是。

姑以罗马《十二铜版法》与李悝《法经》为例。《十二铜版法》之内容曰传唤、曰审判、曰求偿、曰父权、曰继承及监护、曰所有权及占有、曰房屋及土地、曰私犯法、曰公法、曰宗教法、曰前五表后五表之追补。其开宗明义即为诉讼。次之则为人权物权等之规定。诉讼在西洋法上盖占甚高之地位，彼中法家谓后世以诉讼法为权利之附属物，罗马则以权利为诉讼法之附属物。要之诉讼由争权利地位而有，亦惟有权利地位乃得有诉讼。西洋法律观念既以权利为基础，自当以诉讼为最要。至李悝《法经》凡六篇，一曰盗法、二曰贼法、三曰囚法、四曰捕法、五曰杂法、六曰具法。其内容虽不可深考，然即观其律名，可知中西法律观念自其原始固已大异而不同矣。

《十二铜版法》颁布于彼中耶教纪元前四百五十一年，较之李悝《法经》当稍早五十年左右，然李悝《法经》固为集诸国刑典而来，其源甚古。是中西两大文化法律系统之初步完成，先后略同时，此亦世界文化史中一有趣之对照。然论其内容与其精神则显然分判。李悝《法经》之重要者乃曰盗贼囚捕，此后商鞅受之而创《秦律》。史称鞅之治秦，山无盗贼，此真《法经》之效矣。老子亦言"法令滋章，盗贼多有"，此皆古人以法令主治盗贼之明证。及汉高入关，约法三章，曰"杀人者死，伤人及盗抵罪"。当时悦其宽大。今即此三章之律，亦可以窥见古人对于法律观念之偏于御奸禁暴，固与罗马《十二铜版法》大异。及萧何作汉《九章律》，亦攘摭秦法，较之李悝《法经》特加《户》《兴》《厩》三篇，汉律遂为后世所祖。明李善长言，历代之律，皆以

汉《九章》为宗，至唐始集其成。此中国法律性质之较然与西方
异趣者其二。

三

此等中西法律观念之异趣，溯其源则由对于国家观念之不同。
西方国家观念禅衍自希腊之城邦。彼以国家为无上，个人悉受国
家支配，法律者，即国家支配个人之意志与权力之具体表现。故
其法律之地位特高。（注五）然所谓国家意志与国家权力者，分
析而求其底里，则不过为一阶级一团体所操纵而凭藉之一机构与
名号而已。故于此等传统国家观念之下，则有人权之奋张。所谓
人权，则曰生命保障权、结婚及生育子女权、发达智识权、接受
教育权、信仰真理权、社会生活权，凡此等等，皆受国家意志权
力支配下之群众所揭橥以与国家相抗争，而求其胜利者。故民众
之要求立法权，常为彼中政治史上一绝大项目。其在十八世纪，
群认法律为个人用以对抗社会之工具，此实为美国《人权宣言书》
之本旨。而司法独立亦为彼中所重视。孟德斯鸠之分权学说，亦
因此而起。当时既认国家乃一种权力之表现，故孟氏在求所以防
御滥用此权力之保障，而盛赞此种三权分立制。至中国则绝无此
等意想。

中国人之国家观念，自始即与西土违异。

中国人生理想之最高发展，非国家而为“世界”。换辞言之，
中国人对国家观念之重视，乃不如其重视“社会”观念之甚。社
会构成于个人，国家亦社会组织之一种，故曰身、家、国、天下。
中国人常曰修身、齐家、治国、平天下，而归极于以“修身”为
本。以“个人”为出发，以“世界”为归趋，国家不过其中间之

一界。故国家为人民而立，非人民为国家而生。人生之最高目标在其个人之"道德"与大群之"文化"，而不在于国家之权力与意志。国家既无超人之权力与意志，故亦永无害于人民之自由，人民亦遂无向国家争自由之风习。故西方文化为国家的、权力的，而中国文化则为社会的、道德的。国家之职分在护导人民道德之长进，法律则如牧人然，视其后者而鞭之，故曰：

> 至治之本，道化在前，刑罚在后。（东汉延平元年皇太后诏。）

又曰：

> 仁义者，养民之膏粱；刑罚者，惩恶之药石。舍仁义而专用刑罚，是以药石养人。（明太祖语。）

此皆足以代表中国传统政治观念下法律地位之低下。必明乎此而后可以论中国传统所谓"礼"与"刑"之相与。陈宠云：

> 礼之所去，刑之所取，失礼则入刑，相为表里者也。

《宋史·刑法志》亦云：

> 刑以弼教，礼以防之，有弗及则刑以辅之。

中国人之谓"刑礼表里"相辅者，盖与彼土所定行为与权利之相随有其相似，而精神意志则绝不同。

耶林谓法律之效用，始乎许人以行为，吾人乃得由此行为中而推求与观察所谓权利之一物焉。行为为行使权利之惟一途径，权利为享受法益之惟一手段。此耶林之所谓行为，略当于中国之所谓"礼"，而其不同者，西国从行为推到权利，其骨里仍为个人主义。

中国伦理思想因主性善，道德以仁孝为中心，故礼虽属于行为，又曰礼尚往来，而从礼推衍，仍无西国所谓权利之观念。孔子曰，"克己复礼为仁"，又曰"人而不仁如礼何"，礼仍与仁相表里。故西国言行为，归之个人之权利；中国言礼，则归之个人之道德。此已不同。故西国以法律认许吾人行为之权利，中国则以法律禁防吾人行为之不道德。故熊远谓"礼以崇善，法以闲非"。唐太祖"明礼以导民，定律以绳顽"。《汉书·刑法志》谓"制礼以止刑，犹堤之防溢水"，而《辽书·刑志》则谓"刑者始于兵而终于礼"，明《刑法志》谓"唐撰律令一准乎礼以为出入"，皆可以识其用意之所在。此又中西法律系乎其政治意识与国家观念之不同而相与为异趣者三。

四

然继此尚有辨者，则是法律与宗教之关系。

尚考其始，古代希腊、罗马、印度诸邦，法律本皆为宗教之一支。（注六）以当时彼中政治情形论，自宗教团体以外无政治，除举行公祭的教士以外无官吏，除宗教所宣神性祝语以外无法律，法权即宗教，法律即灵文，司法即礼节。平民无宗教，因遂不得为公民，不得参加政权。此等现象，正若与中国古代相似。中国人所谓礼，本源亦来自宗教。又曰："礼不下庶人，刑不上大夫。"宗教之阶级，即法律之范围，似若中西颇相一致，而其间复有别者。

中国自儒家思想兴起，即代替宗教之功能而有之，而礼乐之涵义，遂偏于人类自性道德方面者日多，偏于宗教仪节崇拜方面者日少。西国则自罗马帝国之晚期，耶教传布，以宗教代宗教，而别无如中国儒家思想之一流。故在彼邦占社会最高地位为人生权利保障道德向导者有二，曰法官、曰教皇；曰律师、曰牧师；曰法庭、曰教堂，而政府威信常屈居其下，如是则谓之治。若法官教皇不当位，律师牧师不尽任，法庭教堂不称职，而政府巍然独踞于社会之上，则必乱。

法律以公平为职旨，于是而有自由平等，此为俗世之大义，复有耶教博爱为天国之至训，宗教法律两者相扶互成，而自由、平等、博爱三语，遂为近代欧洲政治意识之最高标的。

故彼中所谓法律者，大体不过调和于各国人之意思，使皆有极大范围之自由，此即平等。自由平等皆本个人言，又加之博爱，然博爱亦非发自人之内心，人类乃本上帝意旨以为博爱。故西国宗教之与法律足以相辅而相成，除法律外无正义，除宗教外无教训。至其学校与教师，则其地位远不得与法庭律师教堂牧师相比拟。（注七）

中国则道德教训存于学校，而法律刑罚寄之政府。礼之意义，既全离于宗教，而彼邦所谓法者，其大部分乃为中国"礼"字范围之所包。（注八）而中国人之所谓法，则大体侧重于刑律，此乃双方整个文化系统之未能强同，此又中西法律观念之异趣者四。

五

苟明于中国传统法律观念在整个文化系统中之意义，则中国历来论者所以常轻视法律而又常常主用重刑严法之说，可以不烦申辨而喻其意旨之所在。刘颂云"古者用刑以止刑"，梁统则曰："刑罚不苟务轻，务其中，君人之道，仁义为主，仁者爱人，义者理务"，爱人故当为除害，理务亦当为去乱，故《书》曰"天秩有礼，天讨有罪"，圣人因天秩而制五礼，因天讨而作五刑。荀悦谓"礼教荣辱以加君子，化其性也；桎梏鞭扑以加小人，化其行也"。刑法常与小人及罪恶同门，则宜其率主重刑而又常轻视之。然法律之在中国，虽曰为私议之所轻贱（卫颛语），而历古以来，法律专家则史不绝书，汉、晋名儒如马融、郑玄、羊祜、杜预皆律家也，六朝、隋、唐迄于赵宋，代有律博士，转相教授，此官至元而始废。故中国士人对于律学，盖夙所尽心。汉代马、郑诸儒章句十有余家，家数十万言，其盛可思。而今传《唐律疏义》尤称明允详密，为治吾国律统者不祧之祖。又自他一端言之，虽古有礼不下庶人，刑不上大夫之说，若礼刑待遇显分贵贱，实则中国传统观念固莫不主法律平等，《商君书·赏刑篇》谓："刑无等级，自卿相将军以至大夫庶人有不从王令犯国禁乱上制者罪死不赦。"此不仅商君法家言然，盖中国传统精神莫不然。当春秋时，楚申无宇据仆区之法而折楚灵王，灵王为之谢罪。当战国时，孟子设谓皋陶为士，瞽瞍杀人，亦在必执，未闻以其为天子之父，而当末减。又如汉代张释之之对汉文帝，亦俨然西土所谓司法独立之精神。

明代主疆域者曰布政，掌刑名廉刻者曰按察，掌军政者曰都指挥使，司法行政异官，本中土旧典，盖法律平等，司法独立，在中土非无其意，抑且明见其制。中国人轻视法家，特以其徒尚法律，不务教化。即在西国亦未闻有谓教堂可独去，法庭当独存者。若遂谓中国不知法治，则又一谬说。

盖中国传统观念，国家与社会不严别，政治与教化不严别，法律与道德亦不严别，国家之与政治与法律，其与社会之与道德与教化，二者之间，其事任功能常通流而相济。故儒家言礼即已包有所谓法。后儒言法，亦多包有所谓礼。如唐杜佑《通典》，食货、兵刑与礼乐并列，杜佑不谓之法而谓之"典"，典即法。

一代之兴，莫不有法，为上下所共遵而不敢逾。然而中国学者终不言法而言礼，盖礼可以包法。孟子曰"上无道揆，下无法守"，"道""法"兼举即礼矣。若舍礼言法，则法将用于克制而启争端，故中国人不贵。

中国亦有不言礼而言法者，如曰"有治人无治法"，又曰"有治法而后有治人"，此法即括一切典礼，如杜氏《通典》之所举，不限刑法。后世既多束缚于文法，使人不获自尽其才智，乃有治人治法之辨，然则谓中国无法治，不谓之瞽说不可。

故中国人言法治非以法律治，法律特以辅礼教道德之不足，斯法学渊源仍当本之于经术，韩愈谓"使法吏一断于法，而经术之士得引经而议"是也。此其意盖本之古谊。《汉书·高祖纪》，七年令"执见不同据经论决者听"。夫礼者，先王未之有而可以义起，今之于法，又许其执见不同，据经论决，故中国法律乃富有矫正衍进之活动性。西土挽近法家所谓由法律而得公平，非依照法律为公平者，我国法律早有此精神。

抑且中国人对法律所期求者尚不止于公平，如西土之所标举。

盖中国既重礼教道德，故对法律观念亦轻其成文而深探其内心焉。《盐铁论》谓春秋之治狱，论心定罪，"志善而违于法者免，志恶而合于法者诛"。晋熊远亦言之，"法盖粗术，非妙道也，矫割物情以成法耳。若每随物情，辄改法制，此为以情坏法"。其实《春秋》所谓"诛心之论"，与熊氏之所谓"以情坏法"者，其事本出一源，而不过所从言之微异。

夫法律本以辅道德之不逮，道德原于人之内心，则法律之不能不探本究极于人心，其义易睹。故张斐曰："刑者司理之官，理者求情之机，情者心神之使。论罪者务本其心，审其情，精其事。"应劭亦曰"大小以情，原心定罪"，中国人法律观念有"重心"与"重情"之二成分。此又与其重经术者同出一源，而复与西土法意显见其异趣者五。

六

故《戴记·大学》载孔子之言曰："听讼吾犹人也，必也使无讼乎？无情者不得尽其辞，大畏民志，此谓知本。"此等精神，显与罗马古代所谓诉讼程序迥殊。罗马古代诉讼，必须严守法律文句，稍有错误，即致败诉。如一葡萄花主对私伐其葡萄起诉，若不依律曰"采伐树木"，而径曰"采伐葡萄"，即作无诉权论，其他手续怪诞，尚有甚者。中西相映，各一天地。盖中邦重内心，彼土重外律。此邦常有以情坏法之虞，而彼中则常有以法蔑情之敝。

《罗马法》既与罗马帝国相得而益彰，而近来彼中学者又颇谓罗马之形式法学与彼方最近发展之资本主义有甚大之效助。是彼方法律固与帝国主义资本主义结不解之缘。而吾土之尚情法学，则与此二者俱不协。今吾国人既以西方帝国主义资本主义为诟病，而又不胜其富强之歆羡，则转而盛誉及其法治。不知其所称誉者即其所诟厉，所诟厉者即其所称誉，此又中西两方文化系统之相违，固不得轻执彼一以讥此一。

明乎此，则董仲舒之《春秋》决狱，在中国传统观念下固无可怪。欧洲近世大学起源，其在十一、十二世纪时，强半治法律与神学；其治法学，大抵崇奉《罗马法典》而为之注释，稍后则复就注释家之成书而为研讨，此岂不如中土诸经之有注疏？《罗马法》大抵渊源于习惯，所谓"申、韩卑卑"，故法律之学终不足以独尊，而犹待于有宗教与神学。求所以阐释神学者而又有哲学，此西方大学初期课程之大要。

中国人治法律，既不以习惯为尚，又不严奉宗教，则治法律者溯源于经义，此亦事理之可解者。西土宗教与法律常相毗，今学者不之怪，独于中邦法律与经学相通，则目为诞，甚矣其不知类也。昔唐时卢承庆考内外官，一官督运遭风失米，卢考之曰，"监运损粮考中下"，其人容止自若，无一言而退。卢重其雅量，改注曰，"非力所及，考中中"，既无喜容，亦无愧词。又改注曰，"宠辱不惊，考中上"。卢氏之事播为千古之美谈。夫督运失粮，非徒无罪，而转得中上之考，抑且俄顷之间，考语三易，翩其反而，高下在心，此而为法，复何事为非法？然中国人观念，重活法不重死法，重心法不重文法，审法尤贵于审心，守法尤贵于守心，如卢氏之事，其人非深通夫经术，深修乎心术，即不足以核此督运失粮之法。故中国传统观念，遂有"重人不重法"之趋向，复有所谓"法外之意"者，论其敝则深文巧诋者有之，舞文弄法者有之，然天下无无敝之法，固当通揽大体而深观之，非可椅摭一事以判利病。夫徒法不足以自行，终必仍有待于奉法、守法、知法、明法之人。今法律既原本"经术"与"心学"，则求其人之奉法、守法、知法、明法者，自非深通于经术深修于心术者不可。此又中国传统法律观念下一种相随而特有之精神。

昔商君有言，"不观时俗，不察国本，则其法立而民乱"，法儒孟德斯鸠则谓："中国常为人所胜，而其法典终不为胜者之所更，盖其国习俗、仪文、法典、宗教浑然同物，虽有胜家，不能取一切而悉变之也。"（严译《法意》）

然今日之中国，虽无胜家，方亟亟自毁其一切而谋悉变，于是法律亦不能逃于例外。今日论者方务离法律与道德教化而二之，一意模仿西俗，于旧典多有不知其用意，而轻斥轻废者。

夫一国家一民族固不能专以法律治，然则中国他日而仍将有道德与教化，其势又非更端易辙，再彻底模仿西方之耶教不为功。法律既变质，学校亦换形，苟非有教堂以济其缺，则颓波所趋，将不知其所届。然若求中国法庭、教堂、学校、政府一切尽变，以效西俗，其事固亦非一二百年之所能成。岂徒一二百年，相鼠有体，国亦宜然。体之既立，有不可以尽变者。彼自尸于辅国导民之位，而昧于国家民族文化之本统，固将无往而不见其龃龉。

注一：古代希腊诸邦皆以法律划一居民之服饰。斯巴达法律有对女人帽子之规定，雅典禁女人旅行携带三件以上之衣袍，卢德禁止刮须，彼臧斯法定家中藏剃胡刀者罚锾，斯巴达则罚居民不剃胡者，又斯巴达、罗马皆禁养残疾之子，柏拉图、亚里士多德理想立法中皆有之。柏氏法论谓个人所有家庭及其财产，均隶属于城邦，城邦常能以强力压制家庭。希腊人虽在市民观念上寻到脱离君权暴横之一种解放，然并不能在社会上为家庭谋必需之地位，古希腊学者亦无杜门隐逸之权，凡属公民必当出席议会投票，并充任国家官吏，遇公务争议，公民必归附一派，表示赞否，不许有中立，不表可否而中立者，则严惩。儿童教育属于公家，父母不得有主张，柏拉图谓儿童不属父母，而属于邦国。宗教亦无自由，不许怀疑其邦神，苏格拉底之死，即由此。人皆为邦而生，亦为邦而死，惟其得投票选举与被选为邦之官吏，此即当时人所谓之自由。

又按：荷兰法学家克拉勃 H.Krabbe 谓柏拉图意在采用一种共产式的生活之激烈要求，实现统治阶级最纯正之正义意识，统治者为求继续避免一切挂念及抛弃利益，故彼辈必皆无妻室无子女无财产，凡能扰乱统治权行使之一切因素，皆应屏绝，柏拉图盖承认与牧师当终身不娶之主张相同之根据。彼谓凡专心于完成人类道德之人，必须抛弃一切个人利益，故柏拉图之理想国，乃企图用一种外部的方法，即消灭利益的方法，克服统治者之私利。物质挂念既已消灭，始可努力实现理想。

今按：克氏发挥柏氏原意极明白。由柏氏与亚里士多德同病，亦不了人性有向善之良能，而其运思立论，又较亚氏更偏于玄想，故有此等理想国之拟议。近人颇疑儒家圣君贤相之说，有似于柏氏之哲人政治，不悟柏氏理想中之哲人，固与中土圣贤根本不相似。

注二：《罗马法》中"法律"一语，拉丁语曰来克司 Lex，又曰优司 Jus。"来克司"者，罗马古代专指国王所制定之法律言。至共和时代民会议决法律，亦曰来克司，然依拉丁语解释法律一字之意义，最适当者为"优司"，此字有时指权利言，有时兼指权利与法律言。德儒耶林 Rudolf von Jhering，言优司一字以为束缚用则为法律，以为束缚义务者用则为权利。

注三：荀子云："制刑之本，将以禁暴恶且惩其末也。"《汉书·刑法志》:“制礼以明敬，作刑以明威。”又“制礼作教，立法设刑”。郑昌上疏:“立法明刑，非以为治，救衰乱之起也。”张敏云:“孔子垂经典，皋陶造法律。”原其本意皆欲禁民为非。张裴云:“律始于刑名者，所以定罪制也。”此为法律主禁非之证。汉文帝诏书云:“法者治之正，所以禁暴而卫善人也。”元帝谓:“法令者，所以抑暴扶弱，欲其难犯而易避也。”盖法之禁暴罚恶，其意在于卫善扶弱，此又一义。

注四: 鄢令纳克 Jillinek 论法律三特征，谓法律乃众生互相对待之外行规范，一也。又谓法律乃由一已知之外现权力所发生之规范，二也。又谓法律乃一种规范，其束缚力乃由外现权力为之保证，三也。至英儒霍布士则谓法乃主权者之意志。反言之，主权者之意志即法，其论若偏激，实道着彼中法律之深处。

注五: 近代欧西学者对国家观念之理论亦有不取希腊国家至上之旧观念者，如德儒冯特 Wundt 谓国家非法律所必需，法律所必需者乃一团体之存在，此团体由其内部思想与利害一致之故而能产生群的意志，由是法律即以实现。彼中法家谓冯氏此说，足为国际法存在之根据，然冯氏论法律，非必需于国家，其义卓矣，而仍不脱以利害观念为中心，与中国传统思想之偏向道德与文化观念者，仍有毫厘千里之辨，此中西思想之所以终不易于骤合。

彼中新说更为接近中国人观念者，则有荷兰法家克拉勃 H. Krabbe 之《近代国家观念》一书，大意谓国家乃公务之集合体，故法律目的不在权利之维持。社会乃一种制度，在此制度内，常有多种服务之交换，法律则为达到此项目的之方法。个人乃事业之主体，而非权利之主体。法律目的在保障利益，而利益属于公众，可以共享，与权利之属私者不同。克氏谓政治团体已逐渐不受外部权力之支配，但受存在于人类内心及其精神力之支配。此种精神力，已代替个人权而容许法律与正义之产生，人类内心自有正义之本能，正义之感觉，及正义之意识，此皆足以强制人类生活于大群中，此乃国家观念所固有之统治基础。又曰：法律非一种威吓的权力，而宁可说以伦理性质为根据。法律之权力，可以在正义情感之反应作用内寻出；此种权力，存在于人之内部，而不在其外部。

克氏此种观点，殊与中国传统理论较为接近。然彼立论中心，仍是偏重人类正义之感，若追论正义之核心，仍将返于亚里士多德之所谓公平。又彼云事业与利益，此与行为与权利，不过一重个人言之，一重社会言之，要之仍自古希腊思想中脱胎，不过目击近世大陆派国家观念之流弊，而求有以矫正之，其与中国传统思想，仍隔一膜。此尚论中西文化与思想者所当微辨而深识。

注六： 希腊、罗马、印度诸邦古法，皆混有礼节仪注祷辞，亦有关于所有权继承权诸法，散列于祭葬诸礼之间者。《十二铜版法》并载葬礼之详细节目，盖彼中古人自谓法律出于神，柏拉图谓服从法律即服从神，皆其证。

注七： 古希腊、罗马之所谓 Pedagogue，非教师，乃教仆也。近代彼中教师教育诸字，尚多从此演变而来。十九世纪以后，各国始注重国民教育之推行，然教师亦仅被认为一种公务员，其在社会上之尊严，仍不如牧师与律师。

注八： 傅隆谓"礼律之兴，本之自然，求之性理，非从天堕，非从地出"。古人往往礼律不分，故八议八成之法，三宥三赦之制，胥见于《周礼》，初未有"礼"与"律"之分。汉叔孙通所撰礼仪，亦与律同录藏于理官，而近代如曾国藩论礼，谓"先王之道，修己治人，经纬万端者皆礼"。又曰"举天下古今幽明万事而一经之以礼"。又谓"秦树澧氏《五礼通考》，自天文地理，军政官制，都萃其中，旁综九流，细破无内，惜其食货稍缺，尝欲集盐漕赋税国用之经，别为一编，傅于秦书之次"。先圣制礼之体之无所不赅固如是。如曾氏说，则西国一切所谓习惯法成文法，固亦可以尽包而无遗。孟德斯鸠亦谓中国合宗教、法典、仪文、习俗四者于一炉而冶之，总是四者之科条而一言以括之曰"礼"，此亦知中国言礼即包法。

又如西方国际公法，其法独超出于国家之外，故彼中学者谓国际法乃道德的一部分，因其不能用刑罚强迫施行，并不具有有效之制裁，惟于道德上有拘束性。此在中国春秋时代，已有极开明极进步之国际公法，惟中国人不谓之法，而谓之礼。即如议唐、宋、明之对外，既非春秋列国并峙之礼，然中国仍然常守其对外之礼而不逾，其自制自裁，亦超乎今日列强之遵从国际公法。此则由于中国人对礼之观念自与彼中法之观念不同故。

（一九四二年三月《思想与时代》月刊第八期）

七、法治新诠

近贤好言法治，顾法之为义，固不仅于信赏而必罚，而犹有其大者。法之大义，在求"人尽其才，官尽其职，事尽其理，物尽其用"。若是则赏继之，否则加罚焉，故曰法之为义，不仅于信赏而必罚，赏罚抑法治之下。就赏罚言之，信赏尤宜先。昔商君变法，亦先徙木立信。刑罚者，其殆行法之最后，善治者不得已而一用之。苟一以刑名绳墨为法治，此必误其国有余而治其国不足。

汉、唐、宋、明之盛世，所以立一王之大法，建数百岁之规模，以兴当代之治者，莫不有深意焉，以期夫人之尽其才，官之尽其职，事之尽其理，而物之尽其用。若是者，其在中国，常称之曰"一代之典章制度"，而不尽谓之"法"。申韩卑卑，切于名实，中国谓之法家。国人之言法者每鄙视之，以其仅知以赏罚驭天下，而不知所以为赏罚之原。苟昧其原，虽赏焉罚焉，而未必能人尽才，官尽职，事尽理，而物尽用。而徒操赏罚以束缚而驰骤之，则赏罚适足以促乱而酿变也。

然则若之何而使人尽才、官尽职、事尽理，而物尽用？曰求之于汉、唐、宋、明之所以为之者而抉其精，寻其微，则必曰

"自人尽其才始"。必人尽其才，而后官可以尽职，事可以尽理，物可以尽用。固未有人不克尽其才，而官克尽职，事可尽理，物可尽用者。然则人尽其才，乃法治之大本要宗。何以尽人之才？则必疏节而阔目，使人之才情气力，恢恢乎于我法度之中，若游刃而有余，而后人之有才者得以尽，而我之赏罚得以施。不然，我之法度绳墨，固已束缚其人而惟我之驰骤之，则人虽有才，固不能尽，而我之赏罚亦何所施。纵或施焉，亦曰遵我法者赏，而违我法者罚，是赏罚仅所以严我之法，而非所以尽人之才。人之才既不克尽，亦何贵于我法之严乎？

故古之善为治者，太上莫如尊才而逊法，务求容人之才，使得宽深自尽于我法度之中，而我操赏罚以随其后，以鼓舞而奖惩之，此其上。其次则守法以害才，一视其从违于我法而赏罚焉，使人知有法而不知有才者，此其次。尤下者，则不惟拘法以碍才，抑且困于法而自败其赏罚，使赏罚之权无所运，则法斯最下矣。于是则人才荒而天下乱。

故法治之美，有一言而可尽者，曰"莫大乎使人之有才得以进，而不肖者亦得以退，而又使人之才不肖易以显"，此最法之善者。何藉而使才不肖易以显，又使有才易以进，不肖者易以退？曰："莫大乎明其责而专任之，又贵乎简损其阶资节级之尊卑而上下直达，使在上不为贵，在下不为贱，以畅其气而通其流。"如是则人之有才，卓乎可以自异，矫乎可以自奋。凡为天下之才留其自异自奋之余地者，此必天下之良法。

老子曰："三十辐共一毂，当其无，有车之用。"《论语》亦言，舜之治，"恭己正南面而已矣"。元首无为于上，股肱勤勉于下，百司各有役，而一人总其成，集赏罚之大柄，而不揽丛脞之庶事，古之人君必有得于此而后可以言法治。人君之下曰大臣，大臣者，虽一人之股肱，亦百僚之枢纽。其德已盛，其位已尊，赏罚不得而骤施焉。赏罚骤施于大臣而政必疲。故大臣者，负最后之重责，而不亲最先之事任。虽不能自超于国家刑赏之外，而实分掌国家之刑赏，以指挥诸司而陶铸裁成之者。骋才以效职，竞能而骈进，此之谓诸司。利见大人，或跃在渊，朝惕夕乾，以兢兢于刑赏而为政务之中坚。自此以往，复有群吏，簿书期会，筐箧之间，嘉善而矜不能，则亦非刑赏黜陟之所重。

故一国之政，必有元首焉，有大臣焉，有诸司之与群吏焉，四者各识职而分理明，则法举而治成。四者各失职而分理棼，则法隳而治坏。汉、唐、宋、明之称良法美意以成其一代之治者，靡不推本于此。

尝窃论之，君、臣、司、吏之四职者，其相互之分限既明，而又关节疏通，血脉贯注，浑然一体，彼此无隔阂枯痹之病，惟汉为然。汉制之弊，独在君位世袭，不能师近代选贤与能之意。若去此害，古今良法，无与媲者。其次如唐、如宋、如明，虽古今之间，进退不一，或君骄于上，或吏疲于下，上下之间，或精血之已滞，或生气之不属，然大臣诸司，犹各得自展布。相与之间，无清浊崖谷之别，犹足以赴法意而合治道。尚观历代官制，大臣率职无弗治，大臣失职无弗乱，乌有为大臣而无可以自展布者。有之，惟清代则然。汉、唐、宋、明固勿尔。然大臣之职，为治史者所易晓，昔南海康氏论古官制，独于曹司利弊，慨乎言之，此亦古今得失之林。康氏之言曰："唐制尚书三品，宰相亦三品。侍郎四品，郎中五品，仅隔一阶，故郎中已极清显，得常朝自奏事。奉使开阃，乃许加衔；内转学士舍人，即登揆席。宋元丰后，二十四司亦清途，多以名流居职。然堂属之隔渐生，至明益悬殊。然明之郎中员外主事，品秩虽卑，因六卿有大权，亦如汉之公府掾。郎署出身皆自进士，补官极速，年少气盛，皆思自致于功名。又郎曹皆许奏事，皆许召见，得奉差使，吏部推擢不拘资格，郎中一转京卿，可放巡抚。主事一转御史，可为巡按。转瞬已跻权要，故气盛志锐，奋于事功。明代人才莫盛于郎曹。即在郎署中，指陈建白，已过清季之大臣。满清专政权于一族之私，大臣失职，而郎官尤卑猥。尚书副一品，侍郎正二品，郎官五六品如故，相隔如天渊。郎官又不获召见，不许奏事。冗散猥杂，六曹如无曹也。"

又窃论之，挽近世官制之弊有二。一则曰曹司之日降而日污，又一则曰地方亲民官之沉沦而莫拔。斯二者其弊皆至于清而极。康氏之言曰："汉大县令位千石，如清三品官。其县廷得自举诸曹，大县多至千人。郡太守有丞尉佐之，得自辟诸曹，下督诸县。汉郡治地大小，略当清之一道，或仅如清之一二府。所隶县大者二三十，小者不过数县，而能自辟僚属，征用名士。迁自议郎县令，入为三公九卿。唐、宋为州三四百，治地亦仅如清之半府，然亲王宰相时有出外领州事者，侍从大臣更迭典州。其别驾及宋世通判，位秩极崇。唐别驾皆四品，即其分曹录事参军，亦多自京朝清秩出领。刺史别驾得入为宰相。治地既小，长官尊显，僚属多才，宜足为治。明代知县尚可行取为御史，长官畏之。至清则藩臬不能出奏，督抚位极尊，非累迁莫能达，而知府、同知去藩臬如登天，无论于知县矣。"此又清制之极弊。

夫亲务莫如曹郎，亲民莫如州县，二者失职，庶政斯隳。而推寻厥原，多由于阶资品级之层累而加密。康氏又言之，谓："两汉之制气疏以达，孝廉再转为郡守，三转为三公。后代如明制犹略近之，其大学士初仅五品，皆以翰林官充之。英宗时，有贡生生员入阁者，其知县可为御史，御史可出而巡案，两转则为巡抚。主事中行评博可为御史，再三转皆为京卿，四五品卿即得选为大学士，而巡抚亦皆以四五品卿衔为之。故其时磊落英多之士，得以妙年盛气，举职行志。清代自京卿至侍郎必十余转，自五品员外郎为四品卿亦须九转。资格久定，耄老疲荒，胡涂覆悚，胥此之由。"故职责不明，则有才而莫显。阶级不省，则有功而莫拔。求赏罚之大原，宜无先于此者。

今复约而言之，言法治必及于赏罚，然罚有罪不如赏有功。自古未有专恃罚罪而可以立国行政者。秦二世之督责，明怀宗之操切，"其亡其亡，系于苞桑"，史训昭然，尽人可见。求赏有功，则必先明分职，简阶资。分职明，则当官者确乎有以显其才。阶资简，则在下者跃然有以希其达。有才者显，在下者达，而后贤者在位，能者在职，而治可举。其尤要者，则在曹司之与州县，此二者，亲务亲民，国家实政之所托，为治者所必先加意。将为之疏通而条达，有以磨其才而砺其气，则必先有事于汰冗官，省虚位，使上下一气，生机畅遂，无臃肿累腿之病，有陶铸化成之乐，而后始可以语法治。

故言法治之精美，其在中国，惟儒家得其全，汉、唐、宋、明所以成一代数百年之治者皆是。黄、老清静，见其一节；而申、韩名实，惟务赏罚之末，斯为最下。故治法之美者，在能妙得治人之选。昧于人而言法，非法之至也。而所以求治人之选者，又必于亲民亲务之职求之，此又百世不变之通则。

在于亲民亲务之职之上者曰"大臣"，大臣不可以亟罚，故为大臣者贵能分其职于下而总其成于上。分职于下而总成于上，始为得大臣之体。得大臣之体者，职责有所分，斯罚不得而亟加焉。大臣又不可以亟赏，古之为大臣者，当其年已高，德已劭，则荣以好爵，尊以散阶，不责之以实政，此所以优礼大臣而永终其福禄，亦使后起美材，得以自奋而无害。此最法之美者。虽今欧西民主诸国，莫不有元老，有贵臣，亦此其意。

亲民亲务之官之下有群吏焉，惟汉制群吏得自拔以升进于公卿，后世不可得而遽企矣。隋、唐以来，群吏自成一流品，而胥吏之为政蠹，至于挽近世而极。今日者，政务益殷繁，吏事益丛脞，欲救斯弊，则莫如法欧、美之新制，训练其专业而优给以终身，使之安于所守而欣欣有向荣之意，舒舒无沉沦之叹者，此又法治一要端。

夫使大臣诸司群吏各得职，而一国之元首，端居默运于上，如尸祝之不越尊俎以代庖人，此岂非法治之至美！

凡此所陈，与近贤之言法治，意多不侔。近贤言法治，皆指欧、美民主宪政，此独举汉、唐职官制度。古之人言之曰："贤者识其大，不贤者识其小。"中西政制虽异，亦或有精义之相同。此虽小节，不失为法治之一端。又中山先生论权、能分立，此亦符其偏义。诚使在上者得我说而存之，亦可以妙得治人之选，独非言治者之所同为馨香祷祝而求者乎？

(一九四三年七月《思想与时代》月刊第二十四期)

八、政治家与政治风度

一

一政治家所宝贵者，固在其政才与政绩。而更可宝贵者，则在其政治之"风度"。昔朱子论学，特创"气象"一语，常令学者玩索"圣贤气象"。气象之为事，可以心领神会，难于言辞描划。今言政治风度，犹如论学者气象，同样非可以言辞指说，具体刻绘。姑试强说，"风"者乃指一种"风力"，"度"者则指一种"格度"。风力者，如风之遇物，披拂感动，当者皆靡。格度则如寸矩尺规，万物不齐，得之为检校而自归于齐。故观察大政治家之风度，每不在其自身，而在其周围。凡此政治家风度潜力之所及，自足以感靡伦类，规范侪偶。如风偃物，同趋一向。如度规形，同成一式。因此一政治家之风度，其潜力所及，每成为一时政治之风度。此种政治风度，既为群力所凝，往往可以持续发展，达于数十年乃至数世之久者。此所谓开创之与守成，因其自有一姿态，自成一局面，可以形成一时期之特殊风格，而为历史家所称为一"新时代"。

夫政治事业，根本乃一群性集团的社会事业，而同时则必须有领袖与主导。此领袖与主导而为一大政治家，则其风力之所感靡，格度之所检正，常使此一群体一社团同时响应，有不自然而然者，遂以形成一共有之趋势，与共认之局面。惟如此，乃始得谓政治事业之完成。若其领导与主持者，自身并无风度可言，即无潜力为感靡与检正，乃徒尚其尸居高明之地，登高而呼，声非加疾，而生杀刑赏之柄在握，乃欲颐指而气使，其府怨招败者不论，其有才能功绩可言者，亦出于所凭藉，因高为深，非出本原。其事业往往及身而止，而生时之成功，复有不敌其身后之遗祸者。此非深识洞鉴之士，亦多迷惘而不足判其是非得失之所在。

故一政治家之风度，实为一种无形之才能，亦为一种不可计量之功业。论其感靡之深广，与其规范之凝久，较之私人一时所表现之才能事业，实相千百倍蓰而无算。而其本原所自，则在此政治家之精神与内心。其德性之所发露，学养之所辉照，断断非凭藉地位权力以争显其才能功绩于一时者所能相提并论。

二

以上笼统述说政治家风度之重要，以下试就中国历史具体举证。其名臣重望，不胜枚举，姑就历代帝王论之，其堪称具有大政治家风度者，约略称举，可得五人。一、秦始皇。二、汉武帝。三、唐太宗。四、宋神宗。五、明太祖。

此五人中，除宋神宗外，皆有丰功伟绩，为后世所景仰。惟宋神宗不仅无大功绩可言，抑且宋代政制之动摇，与宋室之衰乱，几乎皆自神宗启其机。然在当时以及后世，凡反对新法批评王安石者，均不牵连及宋神宗。无论其人政见，对新法赞否，皆于神宗不致贬辞。此何以故？盖即为宋神宗政治风度伟大之所感摄故。

宋神宗初即位，即有志慕效唐太宗。及王荆公告以汉、唐不足法，当上规唐、虞，而自负为稷、契，宋神宗即于荆公深加推敬，君臣而不翅师友焉。此种高远之理想与热忱，盖即一大政治家风度之真本原。宋神宗之伟大不可及处，即在其有理想有热忱，能尊信荆公力行新法。虽举朝反对，而不为摇惑。即荆公告退以后，神宗亲政，依然一遵荆公新法，笃实推行。而宋神宗之更伟大处，则在其既尊信荆公，而于荆公之政敌司马光，亦同样加以推敬，保护宽厚。此则尤为大政治家风度之特有标记。当知神宗尊信荆公，与唐玄宗信李林甫，德宗信卢杞不同。神宗之信荆公，乃本之其内心高远之理想，与其一往奔赴之热忱；玄宗之信李林甫，与德宗之信卢杞，则由其私心泄欲之流荡而不克自制。故知论政治家之风度，皆当由其自身之德性。虽荆公之为人，犹有可訾，而神宗风度，则实可敬。今论荆公、温公，实同为当时一代伟人。荆公风力甚高，而格度稍嫌其狭。温公格度甚宏，而风力微觉其逊。此二人之不同，正如其前辈范仲淹之与韩琦。范以风力胜，韩以格度胜。惟韩、范虽调洽，而仁宗不能主持力用；王、马虽龃龉，而神宗能同样尊敬爱护，此宋神宗之政治风度所以为不可及。无怪当时及后世人，对他一致不敢加以贬辞。

第二要说到唐太宗。唐太宗允文允武，英才盖世。其所成功业，亦震古烁今，不愧为中国史上第一大皇帝。而尤其使唐太宗高出千古者，则在其当时一个花团锦簇的政府。贤相如房玄龄、杜如晦，诤臣如魏徵、王珪、戴胄、马周，兼资文武如李靖、李勣，其他名将能臣，举朝不可胜数。登瀛洲十八学士，辉映史册，前后无比。云从龙，风从虎，最伟大的政治家，便在其有风云际会；最可宝贵的政治风度，便在其能团聚风云，使天地为之变色，舒惨为之易候。故贞观一朝之名臣贤相，实乃相辉互映，以烘照出一个唐太宗伟大之地位。大政治家之成就，并不专在其自身。其更要者，实在其攀龙附凤之一集团。房、杜、魏、王之成功，即唐太宗之成功。房、杜、魏、王之风度，即唐太宗之风度。贞观一代之政治风度，不仅感靡规范了唐室三百年之天下，抑且历宋、元、明、清，中国近代一千年之历史，依然为唐太宗风力之所感靡，格度之所规范，则其人之伟大可知。而其伟大之征相，则不在其自身而在其周围。凡求于其本身见伟大者，此即其风度不足之显征。

第三要说到秦始皇帝。秦始皇帝雄才大略，长驾远驭，开始混一寰宇，为中国开创大一统的新局面。其在中国史上不朽之伟业，既已历古不磨。而其废封建，行郡县。相李斯乃楚士，将蒙恬乃齐人，皆客卿。而始皇亲子弟，则为匹夫，无尺土封。此等意量，岂非绝大难能。惟惜史乘阔略，今对当时规为设施之详，已不能述说。而其在大政治家的风度上尚觉留有余憾者，一则在其焚书与坑儒，二则在其筑阿房宫与造骊山墓。大抵始皇帝风力甚劲，而其焚书则似近乎"暴"。局度甚恢，而其筑阿房则似近乎"骄"。骄与暴，为一大政治家完成其事业后易犯之缺点，而始皇帝不能免。秦代之二世而亡，便是始皇帝此等缺点之暴露。

第四要说到汉武帝。汉武以十七岁青年登宝座，较之唐太宗以十八岁经纶王业，尚早一岁。观其立五经博士，为设弟子员，兴廉举孝，射策补吏，又特封平津侯拜相，摆脱祖宗相传百年来宗室军人专政之成规，为中国史首创"文治政府"之格局。东汉史臣班固，称其规模宏远，洵非虚誉。为中国首创一统之局者为秦始皇，为中国确立文治政府之制度者为汉武帝。秦皇、汉武常为中国史家所并称，洵堪媲美百禩，竞爽千秋矣。而其对外之大肆挞伐，远扬声威，大汉之名，遂永为中国民族之嘉号。其武功赫赫，尤可崇颂。惟以汉武帝较唐太宗，则似微为不如。所不如者，正在其政府之不能花团锦簇，而且有时不免为乌烟瘴气。公孙弘最为一朝大臣，然布被脱粟，曲学阿世，以视房、杜便见惭色。卫、霍之伦以亲贵，张汤、桑弘羊之俦以才具。仅有一汲黯，戆直能面诤，然已不如魏徵、王珪之通史事而能缘饰以文学，而武帝尚不能常使亲近。其晚年所用宰相，如李蔡、公孙贺之徒，皆下驷材。然则汉武帝个人才气尽高，而其手下人殊不像样。汉武功业建设尽大，而其周围之集团，所谓攀龙附凤以共成此一政府者，惜乎其颇不相称。及其晚世，家庭变故横生，戾太子蒙怨而死，而时局亦见败象。"轮台之诏"，武帝亦亲露悔意。幸而身后托付，尚得一霍光。又有昭宣之干蛊。否则汉之为汉，几于不保。故汉臣即在宣、元之际者，已于武帝多不满，此非汉武帝自身才具之短缺，亦非其功业之不大，实乃其周围之相与成政者之有以累武帝。今即以汉武帝较秦始皇，似乎武帝多带文学家气味，亦不如皇帝之严肃。故始皇之失在骄暴，而汉武之失则在奢纵。"骄暴"为一个大政治家成功以后易犯之缺点，"奢纵"则乃文人学士之气息。此后隋炀帝则更见其奢纵，因炀帝亦文学气味重于政治耳。唐太宗亦偏爱文学，而太宗不如汉武、隋炀之奢纵，盖太宗亲贤受谏，故能自掩其短。故知汉武才气不亚唐太宗，其缺者在其周围，而一大政治家之周围，正即此政治家风度之极好表帜。

第五说到明太祖。明祖虽起草泽，然驱除元孽，恢复汉、唐传统文物，实为中国民族近世史上一大功人，此当百世奉祀而无替。明祖自己尝拟模汉高，其实量其才性，乃近始皇。其人风力亦劲，格度亦广，故足以树立明代三百年之风气，开建明代三百年之格局，确然立一新气运。而论其缺点，亦与始皇略似。盖明祖缺憾亦在骄暴。其废宰相，由六部直接受君主之独裁，此即其骄态之发露。其严刑峻罚，行使廷杖，蔑视大臣人格，此为其暴性之发露。明代三百年积祸，皆由此。明祖开国，对中国近世史，实为功不掩过。较之秦皇帝，似为不如矣。

上举五例，有才能功绩均不足而不失为有大政治家之风度者，如宋神宗。有才能功绩皆极彪炳焕耀，而以理想的大政治家之风度绳律之，尚不免有缺憾者，如秦始皇、汉武帝、明太祖。惟唐太宗最称完善，惟其于天伦之际，宫闱之间，犹有白璧之微瑕，而终亦遗祸于后代，则甚矣一大政治家风度之不可不讲究。

三

除此五例以外，再泛论其他人物。仍就帝王论之。

汉高祖局度甚宏，而风力似卑。汉光武风力甚高，而局度似短。隋文帝、宋太祖，虽亦开国之主，然风力局度两不足誉，因此隋祚不永，而宋运亦不开扩。汉文帝最号贤君，其私行恭俭，良可嘉善。然大政治家之风度，贵乎高明而不贵阴柔。贵乎大气斡旋，而不贵玄默自处。文帝终自有道家退婴之气，与理想上大政治家之风度尚有辨。然西汉二百四十年深仁厚泽，皆由文帝浚其源，我们若用另一标准论之，则文帝洵国史上第一好皇帝。

此下再略说几个擅权当国一时俨如帝王的大臣，晚汉如诸葛孔明，虽崎岖小国，实为有大政治家之风度者。其告后主曰："鞠躬尽瘁，死而后已。"又谓："成都有桑八百株，薄田十五顷，子弟衣食，自有余饶。臣随身衣食，悉仰于官，不别治生，以长尺寸。若臣死之日，不使内有余帛，外有赢财，以负陛下。"此其风节之高亮，为何如者！又曰："宫中之事，事无大小，悉咨侍中、侍郎郭攸之、费祎、董允。营中之事，悉咨将军向宠。愿陛下托臣以讨贼兴复之效，不效则治臣之罪。"此见其局度之恢张。诸葛尝谓：

　　　　开诚心，布公道。

此六字即足括尽大政治家应有之风度。"诚心"最为高风，"公道"最为广度。而诸葛丞相之微缺者，则在主申、韩之卑卑，犹未暇措情于儒化。

　　同时如曹孟德、司马仲达，虽各有才气，各有干略，开建基业，全为私家谋耳。既根本说不上功业，便轮不到算一政治家，更无论于其风度。

　　前汉霍光，其人似有风力局度，惜乎不学无术，故祸败接踵而至。明之张居正，才能功业，皆有可称，然论大政治家之高风广度，则嫌不足，故其绩业亦及身而尽。

　　以言春秋之际，功业最大者，无过管仲。孔子曰："微管仲，吾其被发左衽矣。"然管仲才虽高，功虽大，论其政治风度，就见于《左传》《国语》及《管子》书中所记载，亦未见大可称。对内之统制与组织，对外之权谲与变诈，此亦政才，皆与所谓大政治家风度无关。无怪孟子谓"孔子之徒，无道桓文之事者"，诚鄙其风度之不足。春秋二百四十年，最为具有政治家风度者，莫如郑国侨子产。至战国之世，商鞅、申不害、范睢之徒，皆有

才能功业，而风度皆不足称。严格言之，仅有政才政绩，而无
"政德"，则皆不足为政治家，皆不得谓有政治家之风度。

四

上所云云，于本文所欲论列之政治家风度，通观默察，亦庶
可得其涯略。

窃谓政治事业，自身含有一种矛盾性。因政治事业到底为一
种社团与群众事业，而主持政治领导政治者，又断不可自侪于群
众之伍，自封于社团之内。故大政治家必当先有高远之理想，与
独特之自负。再换一面言之，政治事业，乃彻底的一种英雄领袖
的事业，然干政治者，又绝不当以政事表显其英雄之才情，完成
其领袖之地位，而在以其英雄才情领袖地位尽瘁牺牲于政事。故
大政治家绝不当骄暴，更不当奢纵。最要者，其理想虽高出一切，
其自负虽不可一世，而其笃实光辉处，则在其能屈抑自己的英武，
而返身回到群众集团里来。如风摆物，摆者乃物而非风。如度正
形，正者是形而非度。最大的政治家，自己不见才能，而群下见
才能。自己不见功业，而群下成功业。孔子曰：

> 巍巍乎惟天为大，惟尧则之，荡荡乎民无能名焉。

此始为最高最大之政治家风度。然而此又决非如道家之无为。故
上文最推唐太宗而不数汉文帝，厥为此旨。

今再退一步从此两点来论一般政治家之风度，则政治家理想
的风力，应在能"尊贤"。理想的格度，应在能"容众"。尊贤而
容众，虽不能说已尽大政治家应有风度之全体，然首先最要者莫

出此两点。故观察一理想上大政治家之风度，断不当着眼在其个人，而首当着眼在其集团，与相从共事之政府。众籁成风，积寸成度。否则风高而薄，度广而虚。有风而不见动荡，有度而不见短长。尽有才能功业，决非可大可久。循此以观中国史书所载大臣名贤之政治事业，自可心知其意，不烦再费辞而解矣。

五

试再回头来看中国近代的政治，则其弊害复有可得而言者。大抵中国目前政治上一甚大弊害，即为对于理想的政治家风度之缺乏。

自从明太祖废止宰相，已对政治家风度之陶冶，加一大打击，使理想的政治家风度无从产生。及清代满洲部族狭义政权得势，更无使理想的政治家风度有回旋之余地。中国近世史六百年来，因此遂甚少理想的政治家。有奴才，无大臣。有官吏，无政治家。直到咸、同以下，中国人始得稍稍展布，封疆大吏略略有生气。然还说不到发皇畅遂。

及辛亥革命，而中国人对政治观念又为之一变。醉心于西方所谓"民主"与"共和"之理论，而误解其意义。以为政治只是多数群众的事，只是社团党派的事，而没有注意到其领袖人物之培养与爱护。

似乎此三十年来，国人对于政治只注视到制度与理论，而忽略了人物。其对人物，又一向重视其才能与功绩，而忽略了风度。政治家无风度，如何足以感靡伦类，规时范俗？政治事业，虽说应该属之平民与群众，到底政治依然是一种居上临下的事。若政治家无风力，无格度，不能感靡伦类，不能规检时俗，则政治力量全已失去，于是踞高位而运用政权者，势不得不凭藉其势力与谲诈。而凭藉势力与谲诈，则根本说不上是政治。而要说到政治风度，其后面又牵涉及整个文化系统，此处则不拟详论。

在今日国人只重政制与政才的心习之中，特为郑重提出此"政治风度"之一辞，至于此文"风度"二字，并不如魏、晋、南朝人所重只是一个空架子，则读者自了，不再申说。

（一九四二年五月《思想与时代》月刊第十期）

九、中国之前途

一

中国之前途，将决于中国之文化。文化问题，广深难测。然苟能溯源探本，则事亦易显。

文化即人类之生活。大地人生，不越三型，此皆限于天然环境，不得不尔。

一、沙漠草原区。

二、平原江河区。

三、滨海岛屿区。

大抵草原宜于游牧，江河利于耕稼，海洋便于贸易，此三型之生活，发展而为三型之文化。游牧部落，以地多沙碛，气候高寒，雨量缺乏，不堪耕种，故常饲畜马匹橐驼牛羊，逐水草而迁徙，支帐幕为居处。其人必好大群集合，行动飘忽，剽悍不驯。滨海居民，出门即一片大海，浩渺无际，土地蹙狭，不足依存。惟有跨海远出，冒险求利，其人习与水居，又多历异邦，大率乐于独行而长机智。平原居民，以气候温和，雨量沾足，并有河流灌溉，土地肥饶，四季循序，便于播植，故其人率安土重迁，勤于稼穑，生活平凡而有远虑。

二

兹再进而言之，则高原型之生活，颇多与海洋型者相近似：

一则、二者皆内有不足，必赖向外寻求。

二则、游牧必资乘骑，航海必待船舶，苟居沙漠草原，而无驼马，滨海岛屿而无帆楫，其生活殆难想象。故此两型，莫不有一根深柢固之观念，随有生以俱来。此观念维何？曰"工具"，曰"征服"，船与马，皆我生之工具，所凭赖以为向外征服之资。

三则、牧队商旅，漫游异土，其志本在求食，故视剽掠为常事，遇邻敌戒备，不得已乃以和平相交易。故其人喜进取，尚侵略，此亦无足奇。

四则、此两型者，均极富于财产欲之刺激，长袖善舞，多财善贾、商人重爱资本，其理易晓。种马牸牛，生生繁息，一母年产三子，则三母得五子矣，九母得二十七子矣。此种累进级数，固与商人资本无殊。

五则、既贪财富，必爱积聚，积聚之极，必尚珍玩，珍玩既充，必流入于奢侈。此亦两型之所同。

今试返观农业社会之意态，则适足与上陈者相反照：

衣食所需，皆由自给，不烦外求，此其一。

种芋既播，必待雨露阴阳之和，时日之渐。土膏之养，立我蒸民，胥出帝力，天人合一，安命顺运，故曰虽有镃基，不如待时，此其轻视工具不尚征服之心理，此其二。

井邑相望，阡陌相连，鸡鸣狗吠之声相闻，居者有积仓，行者有裹粮，夜不闭户，道不拾遗，四海之内，皆兄弟也，故农村人观念，常有睦邻之谊，而无凌敌之心。亦因不出户，知天下，乃至老死不相往来者。彼无事于进取，更无事于侵略，此其三。

稼穑所获，年有常限。三年耕有一年之蓄，九年耕有三年之蓄。继此则无以加矣。仓谷逾三年，则红朽而不可食，陈陈相因，抑且无地以贮。而天灾水旱，亦往往三年而必复。又歉于此或丰于彼，有无相通，得免冻馁，彼乃不知财富之可贵，此其四。

农民之所重，曰布帛菽粟，金玉珠宝，饥不可食，寒不可衣，仅知节啬，不尚积聚，民生在勤，勤劳则善心生，终不流于奢汰，此其五。

积此诸异，遂成文化之两态，我将称前者曰"富强之文化"，称后者曰"安足之文化"。"富强"乃相较之辞，"安足"则内顾而得。故富强者不必安足；而安足者不必富强。惟其富强而不安足，故必尚进取，贵侵略，是为"征服"之文化；惟其安足而不必富强，故尚保守，重和平，是为"存全"之文化。尚进取者日进无疆，如蒙古〇〇〇〇〇 ① 西欧如哥仑布、麦哲伦之远涉重洋，寻新大陆。其心目中乃感空间之无限。农民主在存全，生于斯，老于斯，长子孙于斯，铸一鼎彝，铭曰"子子孙孙万年永宝享"，其心目中所感者乃为时间之绵延。故前者为"空间文化"，后者则为"时间文化"。空间文化为权力的文化，为扩张的文化；时间文化则为生命的文化，为绵延的文化。

三

今试再进一步论之，人生亦自然之一化耳。苟必以戡天为尚，

---

① 此处原稿缺五字。

则戕天之极，无异自戕。何者？人不能超天以自存。且征服再征服，疆境有限，征服之极限，即此文化发展之终点，未有能为无限之征服者。又且征服由于内不足，内不足故向外征服，是即征服其所依存。虫生于木，还食其木，木尽，虫亦不活，故征服文化之终极，必陷于自己征服而止。姑举例论之，征服文化必重工具，乃自陷于为工具之依存。故先则人为主而器为奴；继则器为主而人为奴。今日之机械，可谓极工具之能事，然未有机械之前，人生尚暇豫；已有机械以来，人生转忙促，若循此以往，机械愈发达，人生将忙迫劳倦，至于无地以生。此何也？是即征服文化一种无限的向外扩张之权力意志为之作祟，遂非陷于自己征服而不止。又如财货积聚，亦为征服文化之所重，然财货愈积聚，则人生愈穷乏。正犹机械愈发达，人生愈忙迫然，其引召骄奢，尚属余事，此皆征服文化不能止于内自安足之点所不能免之病症。

故人类标准文化，必自农业文化而发轫，亦必向农业文化为归趋。何以故？农业文化，使人各自安足，不相争夺，此为人生理想之最先步骤。农业文化使"天人合一"，人生与大自然相协调，此为人生理想之最后境界，故曰"惟农业文化乃为人类可能之标准文化"。全世界五大文化发源地，如埃及、巴比仑、印度、中国、墨西哥，莫非为农业文化，可以证吾说。

昔英人甄克思著《社会通诠》，谓人类生活，率由游牧进而为耕稼，更由耕稼进而为工商。此说凡有二误：游牧、耕稼、贸易，此乃各视地形，为分途之发展，而甄氏认为阶层之衍进，此一误。牧、农、商三者，皆当与工业相配合，而甄氏专以工商相连系，此二误。

然则何以古代如埃及、巴比仑等农业文化诸民族，皆相次没落，而今日欧西工商国家独占盛势？此亦有说。盖农业文化有小型、大型之别，埃及、巴比仑，土壤狭、河流短，此属农业文化之小型。此等小型农国，易于萌生文化，而不易于发皇滋长，其经济生产易达最高之饱和点，易使文化停滞，不能有新刺激使之继长增高，此其一。又农业文化本为安足存全之文化，其小型者，易受外界征服文化之侵凌而不克抵御，故埃及、巴比仑皆屡为外围异民族所征服，此其二。

如中国则为大型农国，其先唐虞文化兴于汾水之区，夏文化兴于伊洛之区，殷文化兴于漳水，周文化兴于渭水，此皆小型农区易于为文化之萌生。然中国地形，分则各具，合则大全，此诸小型农区合而为大河文化，又扩展而及淮汉，再扩展而及长江，北达辽河、黑龙江，南及珠江、澜沧江，惟中国为全世界最理想之一大型农国，故其文化继续绵延，且有新生。亦由团结力强，不易为外围侵略文化所征服。故论标准的农业文化，则必举中国为示范。

至于今日欧西各国之商业文化，则已达日中则昃之时会，此中西先识之士，多能言之，国人蒋百里著《国防论》，已发其微。英人罗素有《工业新文明》一书，亦言世界新文化将在美国、苏联、中国三区域成长，由此三国乃大型农国，可以自给自足，不烦向外依存。而德人斯宾格勒著《西方之没落》一书，谓商业文化乃变相之游牧文化，此尤一语破的。盖惟农业文化为人类正常之文化，亦为富于建设性之文化，游牧文化与商业文化皆患先天性之内不足。内不足则必向外依存，向外依存，则必向外争取，此非正常之文化。抑且常寓有破坏性，未有争取而不破坏者，亦未有争取与破坏可悬为人类文化之终极目标者。然则农业文化何以常见屈于游牧文化与商业文化？此由一主"存全"，一主"征服"，故主征服者常先见胜利，然其最后存全者，则必仍在主存全者，不在主征服者，此则历史先例与理论内证，皆可助我证成。故在昔日，惟大型农国可以存全，其在将来，则惟大型农国之与新工业相配合者始可存全，而中国则得天独厚，故能独自兀立于人类文化史之全程，而常见其生新不衰老。

四

抑又有进者，若论地利之开发，新工业之创兴，则美国居其最先，苏维埃次之，而中国最为落后。然正维如此，故新中国之展望最为无限，其足以刺激吾人奋发前进之精神者，转以中国为最大，苏次之，而美最否。以美国之开发创兴，已将臻极盛。

抗战中，华莱士来中国，见我西北之荒芜，而联想及于往昔美国西部之开发，不胜其向往眷恋之情。是美国之景运在已往，而中国之景运在方来。

若以文化言，美、苏两邦，虽擅大型农国天赋之厚，然其文化渊源则实自滨海小岛向外争取之文化而来。彼之无限征服无限扩张之观念，早已深入人人之骨髓，其能善自运用，以毋背将来大型新工业化之农业文化之使命与否，尚在不可知之数。若中国则四千年传统，正为一发展已臻最高度之农业文化之惟一标准，若能善保其传统文化之美点，又能济之以新工业化，使终不为四围征服文化所压迫，则其将为全世界人类文化放一异彩，而启示人生大道之归向者，夫复何疑。

我信爱中国之文化，我乐观中国之前途！

（一九四七年元旦昆明《民意日报》"星期论文"）

十、建国信望

胜利完成，建国大业，千头万绪，积年信望，承中央周刊社征文所及，拉杂倾吐，以请教于邦人君子。

一

一：孙中山先生之三民主义，将为此后新中国建国之最高准绳，其首先着眼点则为"民族主义"。

二：民族与文化，乃一而二、二而一之两面，无此民族，不得产生此文化；无此文化，亦将不成此民族。欲求发扬民族精神，实际只是从事文化工作。

三：一独立之民族，创建一独立之国家，必有其独立之文化业绩，尤其如政治、法律、教育制度、文学艺术、宗教信仰、社会礼俗等。必然以独立之姿态而出现。

四：科学工业，可以取法他邦，迎头赶上。上条所述之诸端，则必自本自根，由民族传统文化之积业中酝苗其新生。

五：上条所述，决非守旧，更非复古。新旧只是生命之一串，古今只是历史之一环，毁灭旧文化，即是窒息新生命。

六：中国民族之文化，在已往有价值，在将来仍有其存在，无旧无新，同是一种民族精神之表现。

七：文化工作之下手处端在教育制度，新中国建国时期之教育制度，必然摆脱模仿钞袭，而有其独特的文化立场与创建精神。

八：新教育制度下本国语言文字之地位，先将与外国语言文字取得平衡，再次则将超出之。

九：各级学校将全用本国文字之教科书（惟外国语文之修习除外），其各科参考书，亦将以本国文字者为主。

一○：相应于此需要，将以政府力量赶速大量翻译西方人文学方面的古今名著，以减轻解放全国青年必修外国语文之负担。

一一：大学文法学院的人文科目，其属于本国方面者，最先将与属于外国方面者取得均衡之地位，再次则将超出之。举例以言，如法学院讲授西方政治思想史、西方政治制度史，同时亦必讲授中国政治思想史与中国政治制度史；讲授罗马法与大陆法，同时亦必讲授唐律与明律。文学院讲授西方教育思想史与教育制度史，同时亦必讲授中国教育思想史与教育制度史；讲授西洋伦理学与道德哲学，同时亦必讲授中国伦理学与中国道德哲学。余者类推。

一二：所以者何，缘将来新中国建国完成以后之政治、法律、教育、伦理等，无疑仍是接续中国已往的历史文化而生根，决非抹杀中国已往，横插上西方的历史传统而出现。

一三：根据此项需要，政府应急速创办国家文化学院以奖励与培植对于本国人文学各部门之深造研究。

一四：新中国之国家教育，应以国家自办自主为原则，由他国作主代办的留学教育，只是过渡时代之一种不得已，不能悬为国家教育之方案。

一五：新中国的教育制度，又必以国家自颁学位为原则。最先国家学位将与外国学位取得平等之待遇，再次则将超出之，最后则以国家学位为惟一之标准。

一六：若非此种站在国家民族独立自尊的立场下面的新教育制度急速完成，则将无法唤起民族之自信，亦将无法争取国际间民族之平等地位。并将无法激发理想的建国真精神。

二

一七：发扬民族主义之第一阶段，为"国内文化之独立"。发扬民族主义之第二阶段，为"国外文化之宣导"。

一八：同一历史疆域者，将融凝为同一"文化"；同一文化系统者，将团结为同一"民族"。

一九：希腊乃西方历史之播种者，中国乃东方历史之栽根者。播种者新种散布，旧种凋零。栽根者枝叶日茂，根盘日大。

二〇：由中国所造成之东方历史疆域，不仅包括蒙古、西藏诸族，亦复包括朝鲜、日本、越南、泰国诸邦。

二一：由中国文化之发扬，不仅今日国内之汉、满、蒙、回、藏诸族将融成一体，即今日国外之日、鲜、越、泰诸邦亦将结成一系。由此造成东亚之和平以贡献于国际。

二二：将来之新中国，将为努力世界和平之一员，则必先有资格负荷东亚之和平，中国欲负荷东亚之和平，必由其国内独特之文化发生力量，若稗贩西方文明，依仗国外领导，则担不起此重任。

二三：将来之新中国必有新佛教产生。佛教有甚深妙理，为东亚历史疆域以内各族之共同信仰，如何发扬光大，以配合此世界新潮流，惟有新中国之佛教徒克尽此责。

二四：将来之新中国必许宗教信仰之自由，耶教亦将在新中国独立成长，不致长赖西方人为传教者，而中国人则单为信教与吃教。

三

二五：发扬中山先生民族主义之第三阶段，则为"王道大同"。在此时期，全世界进入同一历史疆域，融成同一文化系统，不啻如一民族，更无"彼""我"之别。

二六：到达此阶段之先行步骤，显然为发扬中国文化，而非取消中国文化。

二七：政治只是文化之一圈，新中国之政治发展，必将追随新中国之文化发展而取同一步调。

二八：新中国之政治发展，必然将向"民主政治"之途而迈进。但此种民主政治，决非英美式的民主政治，亦非苏维埃式的民主政治，亦非任何其他国家之民主政治，而断然为中国文化圈里的中国式的民主政治。

二九：此种民主政治，大体必遵照中山先生民权主义之理想而实现。

三〇：此种政治理想，既非稗贩英美亦非依照苏联，乃由中国传统文化，汇合世界潮流而独特创成之。

三一：此种政治理想，最先将在中国取得与稗贩英美或依照苏联之政治理想一种同等之地位，其次则将超出之。

三二：新中国之政治理想，将为一种"王道"政治而非霸术政治，并将为一种"全民"政治而非政党政治与阶级政治。

三三：王道政治全民政治之精神，在"政民一体"，而非政民敌立。

三四：政民一体者，人民直接组织政府；政府直接代表人民。人民对政府，无所用其监视；政府对民众，亦无所用其争取。

三五：政府以人民为体，人民以政府为用，"体""用"只是一个。并不谓人民乃政府之主人；政府乃人民之公仆，主仆判成两体。

三六：政民一体的政治乃"尚理"的，"和协"的；政民敌立的政治为尚力的，斗争的。

三七：多数常见为有力些，却不一定常是有理些。尚力政治以力为理，故政治取决于多数；全民政治在"理"上分从违，不在"数"上争多少。

四

三八：国会职权与选举法则，在全民政治的新理论下，将赋与一崭新之精神与崭新之意义。

三九：中山先生主张"治权"与"政权"划分，又主张以"考试"限制人民之被选举权；此两理论，必将透切发挥，以为中国新政治之基石。尤其是后一理论，乃中国传统政治精义所在，中国人将大胆提出，以确然完成将来新中国的新政治。

四〇：尚力政治以参加政治活动为人民的权利；尚理政治以参加政治活动为人民的"义务"。故尚力政治主张个人权利的民权论；尚理政治则主张"团体义务"的民权论。

四一：主张个人权利，故以个人为选举之单位；主张团体义务，亦将以团体为选举之单位。

四二：政治事业根本即是一种团体事业，故个人于政治上无地位，个人将以服务团体代表团体而取得其政治上之地位。

四三：一个团体单位即是一选举单位。职业选举亦以职业团体为单位；地域选举亦以地域团体为单位。

四四：职业团体与地域团体之合一基础则在农村自治。

五

四五：农村自治将为新中国民主政治最下层最坚稳的基石。政治的民主，经济的民主，皆从此基石上筑起。从此基石上与中国传统文化相衔接，与世界最新潮流相呼应。从此基石上，将痛洗个人权利观念的尚力政治之积弊，而转向大群义务观念的尚理政治之新途。

四六：要建设农村自治，必先繁荣农村经济。繁荣农村一事业，将为民族、民权、民生三主义凑集之中心点。

四七：中国是一个农业国，因此中国文化亦是一种农业文化，将来民生主义完成，中国将为一新的农业国，中国文化亦将为一新的农业文化。

四八：将来新中国之经济建设，将大量采用新科学，将急速工业化。但此二者，仍将以繁荣农村为前提，仍将以工农相配合为新中国经济建设之重心。

四九：工农相配合的经济政策，将以"安足"为目标，不以富强为目标。安足乃"内感自觉"的，富强乃对比竞成的。期求安足，其极可以富强；期求富强，其极将不安足。尚安足则主"和平"，尚富强则必主斗争。

五〇：和平的安足主义，对内将不许私人资本之猖獗；对外将不向帝国侵略主义之途径而趋赴。工商配合的资本主义，过分负担的高度国防，苟将损害新农业之繁荣，均将不为新中国建设精神之所许。

五一：相应于此种工农配合的安足主义，新中国的建设精神，将偏重于向内，偏重于大陆。海洋经营与国外贸易，将为内陆经济繁荣自生之结果，将不为国家经济政策首先注意之目标。

六

五二：将求内陆经济之繁荣，首先将注重于平等条件。

五三：将为新中国经济建设之首要问题者，尚不在阶级经济之不平等，而尤要在区域经济之不平等。

五四：中国经济区域以西北为最落后，西南稍胜，东北又稍胜，东南最优。新中国之经济建设将以西北为首要，西南次之，东北、东南又递次之。

五五：连带于经济偏枯而发生之种族纠纷，文化落后，民权不发达，一切内政问题，皆将以西北为首要，西南、东北、东南递次之。

五六：民生主义与经济政策将决定一切内政方针，一切内政方针将决定新中国首都所在地之抉择。

五七：无论就新中国建设之任何方面言，如经济、如教育、如民权扶植、如国内种姓调和与文化融凝、如对外之武装国防，北部均重于南部，西方均重于东方。将来新中国之新首都，无疑的当在西北，而以东北为副。

七

五八：根据上述意见，新中国当以西安为首都，建设西北，兼顾西南；当以北平为陪都，调整东北，兼顾东南。

五九：最近的将来调整东北，同时建设西北，中央政府之大部机关与大部时间将在北平。稍后的将来，东北调整西北建设粗有端绪，中央政府之大部机关与大部时间将移西安。

六〇：第一首都西安，着重内陆建设。第二首都北平，兼顾海洋发展。

六一：第一首都西安，回复民族生机，唤醒历史光荣。第二首都北平，吸纳世界新潮，开展国际和平。

六二：西安新首都象征新中国建设精神之一心向内与深入民间，又象征新中国建设精神之诸族协和与全国均等。

六三：中山先生说："革命的中国，首都宜在武汉。建设的中国，首都宜在西安。领导亚洲的中国，首都宜在伊犁。"这一节话，将再新宣示其内在精神之含义，而悬为新中国建国途径之一种新启示。

六四：上述的建国三纲领，"民族"主义是一个"明道设教"的问题；"民权"主义是一个"立法创制"的问题；"民生"主义是一个"亲民行政"的问题。

此道、法、政三问题之逐步建设，将经历十五至二十年之时期。在此时期内，全国上下只有坚苦卓绝，笃实践履，将不许你因循拖沓，亦不许你好大喜功，更不许你粉饰太平。此一时期之坚苦卓绝与笃实践履将为中华民族乃至全世界人类造无穷之幸福。

余　话

述《信望》竟，余言未尽，更作余语。

一：今日国人述及传统文化，即讥斥其为主张复古。其实讥斥复古主义者，其自身即为一西化主义者。就吾人之意见，则既无古可复，乃亦无西可化。若求西化，即以政治论，试问将英美化？抑苏联化？我们的主张，则只要调和折衷，舍短用长，站在自己的地位，来决定自己的办法。若欲复古亦然，试问欲复明清之古乎？抑复隋唐、秦汉之古乎？我们亦只主张调和折衷，舍短用长，站在现在的地位，来决定现在的办法。佛说为一大事因缘出世，今日之中国人，乃为一大事因缘而救国建国。传统文化乃此一大事之"因"，世界潮流乃此一大事之"缘"，必"因缘和合"乃得完成此一大事。何必你主西化，我主复古，自生龃龉。

二：全民政治之非阶级政治，国人皆知。全民政治之非政党政治，则必多疑其说者。中山先生手创国民党而又主"还政于民"。就吾人之意见，"还政于民"者，乃欲就全民大众之中解消国民党之存在，非于国民党之外再导奖其他政党之对立与斗争。试问其他政党若同样信仰"三民主义"，则何必分党角立？若根本不信仰三民主义，则国民党既信奉三民主义为立国大本而又导奖其他政党之分立角胜，岂非为自拨国本？故知中山先生"还政于民"之原意，当为三民主义实现，而解消国民党于全民之一体中，以完成其理想"中国式的民主"，决非还政于民即是走上英美式的民主之谓，更非借径于英美式的民主而进一步以走入苏维埃式的民主之谓。然今日一般国人之主张，颇似为一种英美派的政治意识与三民主义的政治意识之混沌交流。因应此种意识而以平和善意相推移，固不失为随宜建国之一途，然其最后所趋，则当为"全民政治"而非"政党政治"。此层尚有待国内有兴趣于党论政论之学者再事阐发。

三：今日国人率喜言工业化，一闻农业国家及农业文化云云，则蹙额厌之矣。顾工业不能无所依附，彼将与农业相配合，或与商业相配合？其相与配合之间，必有所畸轻畸重。若工商相迎合，则走海洋路线，向外寻原料与商场，资本主义与帝国主义皆由此导源；此种国家虽盛极一时而今日已入衰境。若工业与农业相配合，则以大陆为根据，对内自给自足，对外和平交换。今日世界新潮流，正向此途径演进。其理想之国家，厥为美苏与中国。我之为大陆农国此乃得天独厚，并无可厌之理。若言文化，本随人类生活为演变，人生断断脱离不了"土地"与"生产"，亦断断脱离不了"和平"与"安足"，故农业文化乃人类万年不敝之正常文化，惟经科学之洗礼而透发一种新光彩，乃以谓之"新农业文化"云耳。昔蒋百里氏《国防新论》已先阐发此理，若国人徒慕工业机械化之美名，震惊于四邻之富强，而转忽略于农业之基本因素，则殊非谋国深算也。然如何切合自国实情，工农配合，自创新途，则仍有待于国内科学界之自绞心血。虽曰科学工业可以迎头赶上，然此固非囫囵吞枣，依样葫芦之谓。则一切由他人作主代办之留学教育，窃恐在此方面仍不能胜任愉快。

此稿作成于日本在南京投降签字日之清晨，厥为中华民国三十四年九月九日之上午九时。钱穆识于成都寓次。

（一九四五年九月昆明《中央周刊》七卷三十七期）

图书在版编目（CIP）数据

政学私言 / 钱穆著. --北京：九州出版社，
2010.4（2019.9重印）
ISBN 978-7-5108-0427-4

Ⅰ. ①政… Ⅱ. ①钱… Ⅲ. ①历史哲学－研究－中国
Ⅳ. ①K207

中国版本图书馆CIP数据核字(2010)第051113号

政学私言

作　　者	钱穆　著
出版发行	九州出版社
地　　址	北京市西城区阜外大街甲 35 号（100037）
发行电话	(010)68992190/3/5/6
网　　址	www.jiuzhoupress.com
电子信箱	jiuzhou@jiuzhoupress.com
印　　刷	三河市东方印刷有限公司
开　　本	880 毫米 ×1230 毫米　32 开
印　　张	7.5
字　　数	162 千字
版　　次	2010 年 5 月第 1 版
印　　次	2019 年 9 月第 3 次印刷
书　　号	ISBN 978-7-5108-0427-4
定　　价	27.00 元
